AF500756

THIÈRS

A L'ACADÉMIE

ET DANS L'HISTOIRE

PAR

ÉMILE OLLIVIER

> Il y a dans notre pays des moments où tout le monde dit une chose, la répète, finit par y croire, et tous les sots se mettant de la partie, la foule suivant, il n'y a plus moyen de résister.
>
> (THIERS, *déposition sur le 4 septembre*).

PARIS

GARNIER FRÈRES, LIBRAIRES-ÉDITEURS

6, RUE DES SAINTS-PÈRES, 6

THIERS

A L'ACADÉMIE

ET DANS L'HISTOIRE

PARIS

TYPOGRAPHIE GEORGES CHAMEROT

19, RUE DES SAINTS-PÈRES, 19

THIERS

A L'ACADÉMIE

ET DANS L'HISTOIRE

PAR

ÉMILE OLLIVIER

Il y a dans notre pays des moments où tout le monde dit une chose, la répète, finit par y croire, et tous les sots se mettant de la partie, la foule suivant, il n'y a plus moyen de résister.

(THIERS. *déposition sur le 4 septembre*).

PARIS

GARNIER FRÈRES, LIBRAIRES-ÉDITEURS

6, RUE DES SAINTS-PÈRES, 6

1879

THIERS

A L'ACADÉMIE ET DANS L'HISTOIRE

CHAPITRE PREMIER

A L'ACADÉMIE

I

L'Académie n'avait pas tardé à regretter l'acte d'arbitraire qui, en mars 1874, avait empêché ma réception publique. Elle le marqua en autorisant l'insertion dans ses annales de mon discours et de celui de M. Emile Augier et en me nommant, sans que je l'eusse sollicité, directeur pour le trimestre de juillet à octobre 1877. Mais il était écrit que mon existence académique serait orageuse. Ce qui devait effacer les derniers souvenirs du passé en a amené le triste recommencement.

Mes fonctions approchaient de leur fin et j'avais déjà quitté Paris, me rendant à mon habitation de la Moutte, près de Saint-Tropez, lorsque M. Thiers mourut subitement. En vertu de nos usages je me trouvai chargé ainsi de la mission de représenter l'Académie aux obsèques et de recevoir le successeur du défunt. Dès ce premier moment, un choc fut sur le point de se produire. Instruit de l'évènement par les journaux, le 6 septembre au matin, j'avais télégraphié à notre secrétaire perpétuel, M. Camille Doucet : « J'apprends la mort de Thiers. Quand les obsèques? Si c'est possible, j'arriverai. »

Pendant que cette dépêche cheminait de Saint-Tropez sur Paris, M. Doucet, arrivé à Paris le matin même, constatait mon absence et celle du chancelier M. Marmier, en informait la famille de M. Thiers, et, sur le désir que celle-ci manifesta, demandait à l'Académie de désigner M. de Sacy pour me remplacer. La séance venait d'être levée après cette décision, quand ma dépêche arriva à M. Doucet. Il y répondit aussitôt : « Je vous écris séance levée; dépêche arrivée trop tard; inutile de vous déranger. »

Certains journaux altérèrent ces faits si naturels et présentèrent mon absence involontaire comme une exclusion prononcée contre moi par mes confrères, à la demande de la famille de M. Thiers. Je rétablis la vérité par une lettre au *Petit Marseillais* : « Monsieur le rédacteur, tout est inexact dans votre dépêche. Je n'ai pas annoncé à l'Académie la mort de M. Thiers, puisque je suis à la Moutte, et c'est uniquement à cause de cet éloignement que M. de Sacy a été chargé de prononcer un discours. Si j'eusse été présent, aucun de mes confrères n'aurait eu l'inconvenance de me demander l'abandon de mon droit, et je n'y aurais certainement pas consenti. Agréez, etc. (8 septembre).

Ceux qui méditaient déjà de m'enlever la parole se crurent visés par cette lettre et s'en plaignirent. « Le règlement, dirent-ils, en confiant au directeur la tâche de recevoir le successeur de l'académicien mort pendant sa présidence, lui a imposé un devoir auquel il ne peut se soustraire sans de graves raisons : il ne lui a pas conféré un droit contre l'Académie elle-même. Celle-ci a toujours le pouvoir de retirer le mandat qu'elle a délégué si elle y voit un grand intérêt public ou particulier. C'est ainsi que, pour des raisons de convenance, on avait pensé à transférer de M. Dufaure à M. Alexandre Dumas le soin de recevoir M. Sardou. »

M. Camille Doucet ayant eu l'obligeance de me transmettre ces raisonnements, je lui répondis : « Laissons d'abord la distinction entre droit et devoir; tout droit n'est que la forme active du devoir. Vous dites : L'Académie, qui délègue le droit ou le devoir, pourrait le transférer à un autre : *nego*. Lorsqu'une fonction a été déléguée, pendant le temps de la délégation elle est *inaliénable*. L'Académie nomme qui elle veut, mais, la nomination faite, l'élu exerce indépendamment d'elle, et au besoin malgré elle et contre elle, les attributions que l'usage et les règlements attachent à la qualité de directeur, de même que le député pendant la durée de son mandat, le président de la République pendant le temps de sa magistrature, exercent librement leurs fonctions, des devoirs aussi, sans qu'ils puissent être remplacés par ceux dont ils tiennent leurs pouvoirs. L'exemple que vous me citez d'un échange possible entre deux discours n'est pas concluant. Il ne s'agissait pas à mon égard d'échange mais d'exclusion humiliante. Rien de plus naturel que des combinaisons comme celles que vous me rappelez, faites *volontairement* entre collègues. Ainsi Mme Thiers m'aurait envoyé M. Mignet ou M. Calmon, ou tout autre, avec mission de me dire : « Les traditions de l'Académie vous désignent pour parler sur la tombe de M. Thiers ; mais Mme Thiers vous serait très obligée de permettre à M. de Sacy de prononcer les dernières paroles de l'adieu », je n'aurais pas fait une objection et j'aurais immédiatement consenti à ce que Mme Thiers désirait. Les choses se sont passées bien différemment. Dans tous les journaux paraît à la fois une note ayant la même origine, conçue dans les mêmes termes : « L'Académie ne voudra pas infliger à M. Thiers l'outrage posthume de laisser la terre qui le couvrira foulée par l'homme au cœur léger, etc. » Dans ces circonstances, j'aurais considéré, moi présent, comme une inconvenance, le mot est doux, comme un outrage, qu'un de mes confrères demandât à l'Académie de charger un autre de la représenter. Je n'ai rien voulu dire de plus, et cela j'étais obligé de le dire. J'ai senti dans cette campagne l'acheminement à une nouvelle tentative de m'empêcher de parler, voilà pourquoi j'ai été raide. *Principiis obsta*. (15 septembre.) »

L'incident n'eut pas de suite, mais il contenait un avertissement. En ce qui me concerne, je le compris; c'est pourquoi je m'efforçai d'empêcher la nomination de M. Henri Martin au fauteuil de M. Thiers. « Au milieu de la division actuelle des esprits et du déchaînement des passions, dis-je à mes confrères, la véritable manière de parler de M. Thiers à l'Académie serait de mettre en lumière les côtés par lesquels il mérite l'admiration universelle et de laisser dans le demi-jour la partie militante de sa longue existence, celle surtout qui est liée a des souvenirs poignants, à des évènements que l'histoire elle-même n'a pas encore le sang-froid d'apprécier avec équité. Choisissez un esprit élevé, dégagé des liens de parti, M. Renan ou M. Taine, qui, se contentant de puiser à pleines mains dans quarante années d'éloquence et dans trente volumes, sache éviter ce qui trouble ou ce qui irrite. Le hasard vous a créé une difficulté en me chargeant de la réponse; ne faites pas la situation plus aiguë en désignant pour l'éloge une personne qui rendra le choc inévitable. Par la tournure de son esprit aussi bien que par les exigences de son caractère politique, M. Henri Martin sera conduit à insister surtout sur l'homme d'État et, en particulier, sur celui des dernières années. Cela m'obligera à des réponses d'où sortira un conflit. » Mes observations furent vaines : comme c'était un conflit qu'on voulait, on n'en poussa que plus ardemment à la nomination de celui qui devait l'amener.

Les procédés qui suivirent le succès de M. Henri Martin ne me laissèrent aucun doute sur ce qui se préparait. Au lieu de s'entendre avec moi, selon la coutume, M. Henri Martin ne me donna aucun signe de vie, il ne jugea pas à propos de m'envoyer son discours, et c'est du secrétaire perpétuel que j'en reçus notification. Le discours lui-même était moins un éloge académique qu'un dithyrambe politique, ardent, sans modération et sans équité, tourné à la glorification de la République et à la condamnation du second Empire, dans lequel la guerre de 1870 et ses origines étaient jugées avec le parti pris le plus étourdi. Désireux néanmoins de ne donner aucun prétexte plausible au trouble académique, au lieu d'user de représailles, je m'efforçai de ne pas m'écarter de la plus généreuse modération, et un livre m'aurait moins coûté à composer que ma courte réponse, tant je la refis et la remaniai afin d'éviter tout ce qui eût été de nature à blesser les susceptibilités et à colorer un nouvel acte d'arbitraire.

Le public ne se méprit pas sur ce qu'on préparait. « Vous ne prononcerez pas votre discours ; c'est décidé, » me dit-on de toutes parts à mon arrivée à Paris. Cependant, un moment, je crus m'être trompé. A la première des séances auxquelles j'assistais, M. Legouvé, l'ami de la famille Thiers et de M. Henri Martin, un des meneurs de l'Académie, m'aborda et me dit : « Y a-t-il dans le discours d'Henri Martin quelque passage qui vous ait blessé personnellement? — Personnellement? lui répondis-je, non. » En effet, il n'est pas dans mes habitudes de me blesser d'une opinion quelconque, me fût-elle hostile, pourvu que, dans le cas où je ne puis la dédaigner, il me soit permis de la réfuter. » Mais, ajoutais-je, ce discours contient des appréciations que je relèverai très énergiquement. Du reste, dis-je en concluant, croyez-moi, ne recommencez pas l'histoire de mon discours de réception; personne n'y gagnerait rien; laissez à M. Henri Martin la latitude d'exposer toutes ses idées, ne me disputez pas la liberté de lui répondre par les miennes. — C'est tout à fait mon avis, répartit M. Legouvé. On a eu tort d'interdire votre discours de réception, il ne faut pas recommencer. J'ignore si le sort me mettra parmi les commissaires; dans tous les cas, je serai présent en qualité de parrain de M. Henri Martin, et, si vous refusez les retranchements qu'on se croirait obligé de vous demander, j'exprimerai l'avis qu'après avoir insisté fortement sur la responsabilité que vous encourrez, on vous laisse parler à vos risques et périls. » M. Legouvé tint le même langage à un grand nombre de nos confrères.

Aussi ma satisfaction fut-elle réelle de ce que le sort eût mis dans la commission chargée d'entendre les discours un juge animé d'intentions aussi libérales. Ce secours m'était bien nécessaire, car le hasard avait singulièrement favorisé mes adversaires systématiques. Sans doute la commission contenait de droit M. Camille Doucet, duquel je n'avais rien à attendre que de bienveillant, M. Sardou, que je supposais n'avoir oublié ni mon empressement à assurer son élection faite à une voix de majorité, ni son mot récent sur M. Thiers : « Il était patriote, quand la France c'était lui. » Mais elle contenait aussi MM. Dufaure, Jules Simon et Mignet, mes ennemis déclarés, confidents ou ministres de M. Thiers, qui se glorifieraient eux-mêmes en le glorifiant.

II

La première séance de la commission se tint le mardi 20 mai. Après la lecture des deux discours, M. Dufaure se plaignit de ce qu'ils continssent trop de politique belligérante. M. Jules Simon développa la pensée qu'en parlant de la guerre, M. Henri Martin n'avait pas tenu assez compte de ma présence au bureau, et que, de mon côté, j'avais trop diminué en M. Thiers la valeur de l'homme d'État. Je répliquai à M. Dufaure que, mon discours étant une réponse, j'avais dû le modeler sur celui qu'on m'avait présenté, et que son reproche ne s'adressait pas à moi. Je contestai ensuite, non sans quelque vivacité, l'appréciation de M. Jules Simon.

Des observations générales on passa aux critiques de détail.

Dans le discours de M. Henri Martin on ne releva qu'une appréciation violente sur Napoléon Ier : « La « nature propre de M. Thiers l'avait porté à cette « sympathie envers le grand capitaine et le grand « organisateur : le milieu où il avait vécu avait « fortifié en lui ce sentiment. Personne n'ignore à « quel point s'étaient mêlés le libéralisme et l'im« périalisme sous la Restauration : le regret de la

« grandeur perdue se confondait avec le souvenir « du nouveau César. La génération actuelle, qui a « étudié le passé sous l'impression d'une seconde « expérience de l'Empire, ne garde plus rien des « sentiments que conservait l'époque précédente à « l'égard du premier empereur. Il serait impossi- « ble à cette génération de penser autrement; mais « il serait injuste à elle de se refuser à comprendre « chez ses devanciers ce qui était pour eux comme « une des formes du patriotisme. »

On regarda de plus près à mon discours. Indépendamment de quelques observations de détail, on releva un premier passage — « A-t-il aimé la vérité? Sans nul doute, mais à sa façon. Y a-t-il intérêt? Il commence par grossir le fait vrai ; à force de répéter cette exagération, il se persuade qu'elle est la vérité et il la traite en conséquence, c'est-à-dire, il l'exagère de nouveau. Il arrive ainsi d'exagérations en exagérations à soutenir ce qui n'est pas véridique sans avoir jamais menti, don heureux qui n'a pas été le plus inutile de tous ceux prodigués à cette riche nature ! »

Mais l'insistance porta surtout sur ce que je disais de la conduite de M. Thiers après nos premiers revers. Je la caractérisais dans les termes suivants : « M. Thiers a bien mérité de la patrie en acceptant la tâche terrible de libérer le territoire. On discutera les moyens auxquels il a eu recours. Aucun juge impartial ne refusera son admiration à ce vieillard infatigable, jour et nuit au travail, passant du conseil à la tribune, au champ de bataille, aux conférences avec un ennemi implacable, usant les derniers restes de sa vie à arracher notre territoire à l'étranger, notre capitale à l'anarchie. Mais, avant ces jours-là, une grandeur plus haute lui avait été offerte par la destinée. Le 9 août, à la première nouvelle de revers aussi foudroyants qu'imprévus, s'il avait tenu le raisonnement qu'il fit le 4 septembre au profit des envahisseurs du Corps législatif, et dit : « L'ennemi approche, pas de divisions, pas « de luttes intestines, pas de révolutions! Faisons « tous le sacrifice de nos sentiments personnels aux « dangers publics », par la force des choses et par la volonté de la Chambre, de l'assentiment général, il fût devenu aussitôt le maître des affaires quand rien n'était encore perdu; il eût sauvé vraiment le pays et empêché les malheurs qu'il a pu seulement atténuer. Un homme s'est trouvé qui comprit ainsi le devoir patriotique : le noble général Changarnier. S'inspirant de la tradition de Carnot, il oublie son emprisonnement, son long exil, sa carrière brisée; et, ne pouvant à la tribune conseiller l'abnégation, il court au quartier général, serre la main de l'Empereur et s'enferme à Metz, quoique plié par l'âge, pour lutter et souffrir avec ses anciens lieutenants. Voilà la magnanime conduite qu'il faut proposer à l'admiration du temps présent; car si, ayant tant à nous pardonner les uns aux autres, personne ne donne l'exemple de l'oubli généreux, que deviendrons-nous? »

M. Dufaure me provoqua à une discussion. Je la déclinai très poliment. « Si j'étais à la tribune, lui répondis-je, j'accepterais le débat avec vous, non-seulement sur le 15 juillet, mais sur tout ce qui a suivi; je le refuse, en ce moment, car je n'aperçois pas des juges autour de moi. » Cependant, M. Henri Martin se montrant disposé à opérer quelques modifications, je déclarai que, de mon côté, je tiendrais compte des retranchements qu'il me soumettrait. La commission s'ajourna au jeudi 22, pour prendre connaissance de ce double travail.

M. Henri Martin sacrifia le jugement sur Napoléon Ier, que j'avais raillé d'un mot : « Vous brisez la statue de Napoléon aux pieds de M. Thiers et le hissez sur les débris. » Il retrancha, en outre, deux affirmations plus que téméraires : « M. Thiers, dans une interpellation sur les affaires étrangères, en 1867, conclut à l'alliance anglo-autrichienne et à la paix avec douze cent mille hommes sous les armes ou pouvant être appelés aux armes. Si nous les eussions eus, trois ans après, ces douze cent mille hommes organisés et armés, nous eussions été sauvés. Comme saisi d'un sinistre pressentiment, quelques jours avant qu'eussent éclaté dans nos Chambres la fatale question de la royauté espagnole et le nom de Hohenzollern, M. Thiers dénonçait de nouveau à la tribune l'insuffisance de nos forces militaires. « L'Autriche, dit-il, n'était pas prête, « c'est ce qui a causé sa ruine; ne l'imitons pas! » Il avait demandé qu'on se préparât à la guerre en maintenant la paix. On se jeta dans la guerre sans s'y être préparé. » A quoi j'avais répondu : « Vous dites que M. Thiers avait conclu à avoir douze cent mille hommes sous les armes ou pouvant être appelés sous les armes, et que, si nous les eussions eus trois ans après, ces douze cent mille hommes organisés et armés, nous eussions été sauvés. Quelqu'un, en effet, demanda à cette époque douze cent mille hommes. L'Empereur. Quelqu'un les lui refusa, M. Thiers. — Vous ajoutez que, quelques jours avant la fatale question Hohenzollern, M. Thiers dénonçait de nouveau à la tribune l'insuffisance de nos forces militaires. Lorsque vous serez de loisir, je vous engage à relire le discours que vous analysez ainsi, vous y verrez que, loin de dire : « Nous sommes faibles, fortifions-nous », M. Thiers, répondant à ses amis de la gauche et non au gouvernement, dit au contraire : « Nous sommes forts, nous sommes imposants, ne nous affaiblissons pas. » — Si M. H. Martin avait maintenu des accusations aussi manifestement dépourvues de sérieux et de vérité, il m'eût ménagé le succès d'une réfutation triomphante. Par le même motif, il renonça à l'invention mélodramatique « de la voix brisée par les sanglots. » Mais, dans le morceau sur la guerre auquel j'étais personnellement intéressé, il se contenta de quelques changements sans importance et il persista à dire : « On sait par quels efforts désespérés M. Thiers tenta de retenir la France sur la pente de l'abîme. On sait ce que, dans la séance trop fameuse du 15 juillet 1870, il a dépensé de courage, de patience, de dévouement, pour arrêter dans ses entraînements une majorité frappée de vertige. Il n'est pas, dans l'histoire des assemblées politiques, de spectacle plus émouvant que celui de ce vieillard donnant les plus salutaires conseils, les plus patriotiques avertissements au milieu des interruptions et des murmures, et luttant contre les clameurs de ceux qui l'accusaient de trahir son pays, alors qu'il ne voulait que le sauver! Le même homme qu'on avait tant outragé quand il s'opposait à la guerre fut appelé au Comité de défense le 27 août, après les premiers désastres que d'autres plus affreux allaient suivre. Ceux qui avaient envoyé l'armée à Sedan lui demandèrent conseil quand il n'y eut plus d'armée. » M. Jules Simon eut raison de s'écrier après la lecture de cette tirade provocatrice : « Vous le voyez, rien n'est changé au sens primitif! »

De mon côté, je biffai tout ce qui correspondait aux retranchements opérés par M. Henri Martin : le passage sur les douze cent mille hommes ; la phrase par laquelle j'avais raillé le jugement sur Napoléon ; je m'appliquai ensuite à satisfaire aux principales remarques des membres de la commission. Le fragment sur la manière dont M. Thiers aimait la vérité est de ceux qu'on maintient ou qu'on supprime, mais qu'on n'atténue pas. Quoique ayant entre les mains de nombreuses preuves qui m'eussent permis de le maintenir, je le supprimai. Je fis également disparaître les expressions qui pouvaient être entendues dans un sens défavorable. Par exemple, j'avais dit : « Il considérait la politique comme déterminée par des circonstances auxquelles il est habile de s'adapter », je mis : « auxquelles il est *sage* de s'adapter. » J'avais dit : « dans la conduite il était flexible » ; je mis : « il avait cette *heureuse flexibilité* qui est le don propre du politique. » Dans le parallèle entre M. Thiers et le général Changarnier, j'ajoutai : « *malgré son patriotisme,* M. Thiers ne comprit pas ainsi le devoir. Un homme s'est trouvé, qui *n'ayant ni son autorité ni ses lumières, par un simple mouvement de cœur, arriva à plus de clairvoyance,* le noble général Changarnier. » Enfin, je rétablis l'équilibre dérangé de mon discours par quelques phrases admiratives sur la vie laborieuse de notre illustre collègue et sur son culte de la beauté artistique. J'avais rendu beaucoup plus qu'on ne m'avait donné.

III

Après ces remaniements il restait de grave, dans les deux discours, le jugement de M. Henri Martin sur la guerre et le mien sur la conduite de M. Thiers après nos revers. Mais entre les deux jugements il y avait cette différence que le mien, net mais sans accompagnement d'aucune qualification blessante, atteignait uniquement la personne politique de M. Thiers, tandis que celui de M. Henri Martin, âpre et insultant, frappait non-seulement ma personne, mais une Chambre, un Gouvernement, la France entière, qui avait cru la guerre commandée par l'honneur. Néanmoins la commission, aveuglée par son parti pris passionné, trouva tout naturel le langage de M. Henri Martin, dont, pour ma part, fidèle à mes principes de liberté, je ne me plaignis pas; elle s'acharna, au contraire, à mon parallèle entre M. Thiers et le général Changarnier. M. Dufaure reprit avec plus d'insistance son argumentation de la séance précédente. M. Mignet formula les plus insultantes appréciations sur les mobiles du général Changarnier. M. Jules Simon poussa l'obligeance jusqu'à m'indiquer comment je pourrais combler le vide fait dans mon discours par un nouveau retranchement. Je laissai dire et, fidèle à mon système, je me contentai de refuser en quelques phrases brèves une discussion inutile. « Vous avez fait tant de concessions, me dit-on, pourquoi en refusez-vous une dernière? — Précisément, parce que j'en ai déjà fait beaucoup, je me refuse à en faire une nouvelle. — Ce qu'on vous demande est si peu important! — Si c'était si peu important, vous ne mettriez pas autant d'insistance à l'obtenir. » Je terminai le débat par cette déclaration : « Ne dites pas que je ne veux pas céder, dites que je ne le puis pas : je suis allé aux dernières limites des concessions honorablement permises; maintenant je me trouve en présence d'un devoir de conscience à remplir, je m'arrête; je ne retrancherai plus une seule ligne de mon discours. »

On alla aux voix. M. Camille Doucet reprit la thèse que M. Legouvé avait annoncée partout comme devant être la sienne et opina pour que, sous ma responsabilité, on me laissât parler. A mon grand étonnement M. Legouvé combattit avec aigreur l'avis qu'il avait émis le premier. MM. Dufaure, Jules

Simon, Boissier, Sardou, Marmier le suivirent. Mon discours fut refusé et on décida d'en référer à l'Académie.

IV

Je me rendis à la séance du 29 mai, sans m'être concerté avec personne, résolu à défendre vigoureusement mon droit. Aussi éprouvai-je quelque surprise et quelque désappointement en entendant M. J.-B. Dumas proposer l'ajournement de la réception à six mois. « Toute autre solution paraissait inacceptable à notre éminent confrère. La lecture complète rendrait superflue la séance publique. La lecture des passages contestés aurait le double inconvénient de ne donner qu'une idée imparfaite des discours, et surtout de rejeter sur la Compagnie entière la responsabilité que, d'après le règlement, la commission doit seule assumer. Transporter au chancelier ou à tout autre membre la mission de recevoir l'élu après l'avoir enlevée au directeur, ce serait entrer dans des voies nouvelles pleines de danger et créer un précédent dont on ne saurait calculer les conséquences. Ce serait en outre violer le règlement, aux termes duquel on peut suppléer un directeur empêché, mais non destituer un directeur prêt à remplir son devoir. »

M. de Falloux appuya cette proposition. « Il ne pouvait être suspect de marchander un hommage à M. Thiers, sans le concours duquel il n'aurait pu, en 1850, introduire la liberté d'enseignement. Cependant il n'hésitait pas à approuver les considérations de M. J.-B. Dumas. Lui aussi, il considérait une lecture complète comme impossible; une lecture fragmentaire comme une trahison; quant à la substitution violente d'un directeur à un autre, il y voyait un fructidor académique. »

M. Cuvillier-Fleury répondit aux deux orateurs avec une telle acrimonie de suppositions désobligeantes contre un discours dont il ne connaissait pas les termes, que M. Jules Simon dut l'interrompre et lui dire : « Rien dans le discours de M. Émile Ollivier n'autorise votre langage. J'en repousse quelques passages, mais, même dans ces passages, la forme n'est pas violente. »

Pendant toute cette discussion, j'étais fort perplexe. La perspective d'un ajournement à six mois, qui ne résolvait rien, me contrariait fort; cependant j'hésitais à me mettre au travers d'une proposition qui paraissait inspirée par une pensée bienveillante. L'insistance avec laquelle MM. Legouvé et Cuvillier-Fleury me pressèrent de m'expliquer triompha de mes incertitudes, et, puisqu'ils désiraient tant m'entendre, j'en conclus que je devais me taire. L'ajournement fut voté par les quatorze voix de MM. J.-B. Dumas, de Falloux, duc de Broglie, O. Feuillet, E. Augier, Sandeau, Mezières, C. Rousset, de Champagny, d'Haussonville, Marmier, Caro, de Vieil-Castel, Nisard. Votèrent contre MM. Victor Hugo, J. Favre, Charles Blanc, Legouvé, Cuvillier-Fleury, Dufaure, Mignet, Renan, J. Simon, C. Doucet, J. Lemoinne. Je m'étais abstenu. MM. Alexandre Dumas et Sardou s'étaient excusés par lettres.

Dès que le résultat eut été annoncé, M. de Falloux me dit à haute voix : « Ce vote est un appel à votre cœur. » Surpris par ce commentaire imprévu qui, fait pendant la discussion, m'eût arraché à mon mutisme, je répondis : « Ce n'est pas à mon cœur qu'il faut faire appel, c'est au cœur de ceux qui ont pris l'initiative des attaques contre lesquelles j'ai dû me défendre. » A l'issue de la séance, M. de Falloux renouvela son conseil. Dès lors, je ne pus me méprendre sur la signification du vote d'ajournement. C'était moins une reconnaissance de mon droit qu'une invitation à capituler ; on ne m'exécutait pas, on me réservait l'honneur de m'exécuter moi-même ; on m'accordait six mois pour m'y décider. Comme j'étais résolu à n'en rien faire et à ne pas même comparaître de nouveau devant une commission hostile, je ne voulus pas prolonger une équivoque à laquelle j'avais involontairement contribué ; et sans aucune colère, avec un parfait sang-froid, par loyauté, pour rétablir la vérité de la situation défigurée par le vote d'ajournement et ne pas autoriser plus longtemps des espérances illusoires, j'indiquai mes intentions et je défendis mon droit dans une lettre adressée au *Figaro*.

V

Passy, le 30 mai.

Mes chers confrères,

Vous avez refusé de me *fructidoriser*, je vous en remercie. Mais cela ne suffit pas. Si vous voulez que dans six mois les difficultés ne soient pas aussi aiguës qu'elles le sont aujourd'hui, il est indispensable de donner à votre commission des notions plus exactes sur votre rôle, sur le sien, sur celui d'un directeur dans une réception académique.

Commençons par le directeur. Peut-on dire qu'il représente l'Académie et qu'il parle en son nom? Évidemment il la représente dans tout ce qui est du cérémonial de la réception, il parle en son nom lorsqu'il maintient l'ordre et qu'il veille au respect des règles traditionnelles. Mais il ne la représente pas en ce sens qu'il soit obligé d'exprimer les opinions de la Compagnie sur les actes et sur les idées soit du récipiendaire, soit du défunt. Comment pourrait-il le faire? L'Académie n'a pas une opinion officielle sur chacun de ses membres comme elle en a une sur les mots de son Dictionnaire; elle ne formule jamais sur eux un jugement auquel on soit tenu de s'astreindre. Faites un tour de parole sur n'importe lequel d'entre nous, sur M. Thiers, par exemple, vous verrez quelles contradictions il y aura dans les discours, et même, parmi ceux qui concluent à admirer, quelle diversité dans les motifs. D'ailleurs, une doctrine officielle sur les idées et sur les actes de chacun de nous ne saurait être le résultat d'une génération spontanée : elle devrait être précédée d'un examen, d'une discussion, d'un vote. Enfin, lorsqu'il s'agirait de la porter devant le public, on ne s'exposerait pas à lui donner comme interprète un orateur qui ne l'admettrait pas. Or jamais un débat réglé, aboutissant à un vote, ne s'est établi sur la valeur d'un des membres quelconque de notre Compagnie, et l'orateur qui doit porter la parole dans une réception est désigné par le hasard et non par une élection réfléchie. Sans doute, en élisant un directeur, l'Académie sait qu'il peut être appelé à prononcer un discours sur quelqu'un en réponse à quelqu'un, mais elle ignore celui dont la succession s'ouvrira et celui qui la recueillera. Il est certain, par exemple, que si elle avait prévu que pendant ma direction nous perdrions M. Thiers et qu'il serait remplacé par M. Henri Martin, elle ne m'aurait pas choisi.

Si le directeur n'est pas obligé d'exprimer une opinion officielle de l'Académie, laquelle voulez-vous qu'il exprime, si ce n'est la sienne?

Mais, dit-on, en exprimant cette opinion, il doit s'astreindre rigoureusement aux convenances académiques. J'en demeure d'accord. Ainsi il doit ne choquer ni les lois, ni les habitudes de la courtoisie et de l'urbanité, ni oublier que celui sur lequel il porte un jugement a été un de ses confrères. « Ce n'est point assez, me répond-on : la première des convenances académiques est que l'éloge soit plein, sans restriction ; à peine peut-on tolérer quelque réserve voilée. »

Jugez de mon embarras.

En 1874, je présente à une commission mon discours sur Lamartine. M. Guizot me dit avec hauteur : « Monsieur, nous ne sommes pas ici pour faire des panégyriques, vous avez été beaucoup trop louangeur à l'égard de Lamartine ; il ne mérite pas plus le titre d'homme d'État que Mirabeau, auquel vous le comparez. »

En 1879, je présente à une seconde commission mon discours sur M. Thiers, dans la même salle, à la même place. M. Jules Simon me dit avec onction : « Monsieur, nous sommes ici pour faire des panégyriques ; quoi que vous pensiez des actes de M. Thiers, vous n'auriez pas dû amoindrir sa valeur d'homme d'État. »

Ne sachant à qui entendre, j'ai recherché les précédents, et je me suis mis à relire les discours de tous les directeurs depuis le rétablissement de l'Institut. Voici d'abord un discours de Morellet à la réception de Lacretelle, successeur de La Harpe (5 mars 1804) :

Un mérite de M. de la Harpe, c'est un intérêt si vif et si vrai à la conservation des principes de la bonne littérature, que, forcé de blâmer souvent l'aigreur et la dureté de la censure, on voudrait pouvoir y trouver une excuse dans la bonne foi du censeur. — Mais, il faut l'avouer, cette excuse serait insuffisante. Un caractère d'âpreté, de sécheresse et de raideur qu'on reprochait à M. de la Harpe de porter dans le commerce de la vie, se retrouve trop souvent dans ses critiques littéraires : elles sont souvent cruelles et contre l'intérêt des lettres, plus propres à décourager les jeunes littérateurs qu'à les instruire. — Cette amertume, portée quelquefois jusqu'à l'injustice, s'est montrée surtout dans ses derniers temps contre quelques hommes de lettres, dont la philosophie contrariait des opinions qui n'avaient pas toujours été les siennes. On ne peut méconnaître, dans la manière dont il les combat, l'esprit de parti toujours injuste, même dans la défense des meilleures causes. Enfin, en lisant cette partie de ses ouvrages, on ne peut s'empêcher de lui appliquer une maxime qu'il a lui-même enseignée : « Oh! qu'il faut se garder d'être ennemi du talent quand on en a soi-même. »

Quel éloge *plein et sans restriction* que celui qui consiste à dire d'un critique qu'il a été sans bonne foi, âpre, sec, raide, cruel, amer jusqu'à l'injustice, animé de l'esprit de parti, envieux!

L'abbé Sicard, sous ses formes alambiquées, n'est pas plus panégyriste pour Target, en recevant son successeur le cardinal Maury (6 mai 1807) :

L'amour du bien était naturel à son âme tranquille et douce. Mais il est des temps difficiles où cet amour du bien (ayons le courage de le dire) n'a plus le caractère auguste de la vertu, lorsque l'honneur commande d'en avoir l'héroïsme et qu'on en redoute les dangers.

Ce jugement était d'autant plus dur qu'il admettait comme justifiée une accusation contre laquelle Target n'avait cessé de protester.

Merlin exécute encore plus lestement Naigeon, l'éditeur de Diderot et le célèbre athée. Pour tout éloge, après quelques compliments insignifiants, il se contente de dire :

C'est à ces titres que M. Naigeon avait dû l'amitié de l'un des écrivains qui avaient le plus illustré le dix-huitième siècle de Diderot, et si, comme vous l'avez très-judicieusement observé, c'est cette amitié qui, portée de sa part jusqu'à un dévouement enthousiaste, a entraîné son esprit dans des systèmes non moins antisociaux qu'antireligieux, du moins son cœur est resté pur.

Le panégyrique est maigre.

Je citerais de nombreux exemples si Montalembert n'avait déjà résumé devant vous toute cette tradition, en quelques-unes de ces hautes paroles familières à son âme vaillante (5 février 1852) :

Depuis que la forte et dure main du cardinal de Richelieu l'a fondée, l'Académie a subi bien des orages sans y succomber, traversé bien des régimes sans s'inféoder à aucun. Quelles qu'aient pu être les défaillances individuelles, elle n'a jamais complètement abdiqué devant le monopole de l'opinion dominante ou devant l'éternité chimérique de la force contemporaine. C'est votre indépendance qui est le gage de votre durée. En plein dix-huitième siècle, un prêtre, *parlant en votre nom,* devant la tombe ouverte de Voltaire, osa blâmer hautement ce triomphateur *de n'avoir pas dédaigné la triste célébrité qui s'acquiert par l'audace et par la licence.*

Depuis que Montalembert vous a parlé ainsi, vous avez assisté à un fait non moins significatif. Le 1er juin 1876, notre éminent et regretté confrère Saint-René Taillandier recevait M. J.-B. Dumas, le successeur de M. Guizot. M. Guizot était un personnage bien plus académique que M. Thiers. Celui-ci paraissait parmi vous les jours de vote seulement; M. Guizot était l'âme de toutes vos réunions. Avec quelle libre allure, cependant, votre directeur a pu en parler! Comme entrée en matière, il pose en thèse « qu'il a été un grand philosophe politique plus qu'il n'a été un homme d'État. » Puis il arrive à la crise de 1848, et il dit :

L'ardeur de la défense nuit à la sagesse des conseils. Où est cette puissance de l'esprit qui permet de rester calme dans la tempête, afin de veiller à tout? Où est cette souplesse hardie qui désarme l'assaillant en lui cédant à propos? Où est ce don de saisir au vol les secrètes pensées d'un pays, de ne pas s'isoler sur les sommets, de ne pas s'enfermer dans sa pensée hautaine et solitaire, de se tenir en communication avec le sentiment public? Est-ce que la politique, avec un fonds de doctrines supérieures et de principes invariables, ne doit pas être avant tout le grand art de démêler les choses opportunes? Il n'entend pas tant de voix amies qui lui répètent : « Prenez garde! Ne jouez pas le jeu de vos adversaires, ne leur donnez pas de justes griefs, ne refusez pas les réformes bienfaisantes, ne provoquez pas les révolutions désastreuses, ne faites pas le vide autour du trône, ne faites pas que les cœurs se ferment. » Un jour, la liberté, qui portait si noblement la monarchie de Juillet, se cabra... ou plutôt la défiance, la désaffection, provoquées par l'inflexibilité du ministre, paralysèrent un instant la défense nationale. — M. Guizot tomba d'une chute désastreuse. *Je n'ai pas dissimulé les fautes de notre illustre confrère. A l'égard d'un tel homme, la franchise est un hommage.* On épargne les petits et les faibles; traiter ainsi M. Guizot, ce serait lui faire injure.

Après de tels précédents, il n'y a plus à douter. Sous prétexte de convenances académiques, vos directeurs ne sont pas condamnés aux mièvreries affadissantes des panégyriques sans conviction.

Le rôle du directeur déterminé, il est facile d'en déduire celui de la commission. Elle n'a pas à examiner et à juger la vérité de ce que pense le directeur, pas plus qu'elle n'a à se prononcer sur la qualité de son style; son unique mission est de faire, si je puis dire ainsi, la police extérieure du discours, et de veiller à ce qu'il ne méconnaisse aucune des véritables convenances académiques.

La manière dont la commission est composée suffirait à justifier cette conclusion. L'élection n'y a aucune part. Une moitié des membres est désignée par le tirage au sort, l'autre moitié par le hasard. Le bureau a été élu, mais non en vue de cet office, et, suivant que les discours sont prêts ou non à une certaine époque, les juges sont différents indépendamment de toute intervention de l'Académie. Ne serait-il pas déraisonnable d'attribuer, par le sort ou par le hasard, le pouvoir d'imposer une opinion quelconque sur les faits, sur les personnes et sur les idées? A quels résultats monstrueux ne serait-on pas conduit? Si une combinaison aussi extraordinaire que celle qui a réuni dans la même commission les amis personnels de MM. Thiers et Henri Martin mettait dans une autre commission des matérialistes et des athées, ils auraient donc le pouvoir d'arrêter un discours spiritualiste?

Des deux propositions incontestables que je viens d'établir, d'une part, que le directeur n'exprime que ses idées propres, d'autre part, que la commission chargée de le maintenir dans les convenances académiques est un produit du sort et du hasard, non une délégation instituée par l'élection, il suit que l'Académie n'est pas plus responsable du discours que du jugement de la commission; que, dès lors, elle n'a ni à demander ni à recevoir un référé devant elle; elle est incompétente. La commission procède

2

comme un jury, sous sa responsabilité propre; ses décisions sont irréformables, définitives.

A l'aide de ces principes, le différend, entre la commission et moi, que l'ajournement n'a pas supprimé, est aisé à apprécier.

A la fin de mon discours, j'ai exprimé sous une forme très modérée une opinion sur la conduite de M. Thiers après nos revers, en la rapprochant de celle du général Changarnier à la même époque. La commission a voulu se constituer juge de la valeur de cette opinion, et deux fois M. Dufaure m'a provoqué à la discuter. Quoique parfaitement en fonds d'arguments, j'ai refusé; ne voulant pas accepter le jugement, je ne me suis pas prêté à l'examen. Ce n'est pas la vérité de ma thèse que j'entends défendre et faire prévaloir devant vous, c'est le droit, fût-elle erronée, de la manifester à mes risques et périls. Je ne m'obstine pas à plaider pour mon infaillibilité, mais pour ma liberté, à laquelle vous êtes tous intéressés. Sans le droit de se tromper, il n'y a pas de liberté.

Pendant tout l'Empire, chacun de vous a pu convertir notre bureau en une tribune politique, d'où partaient les traits les plus acérés contre le gouvernement; et sous la République, qui devrait être le *maximum* de la liberté, votre directeur ne pourra pas dire de M. Thiers, après l'avoir comblé d'éloges, qu'un jour il a été dans son patriotisme moins clairvoyant que le général Changarnier? M. Henri Martin a pu n'épargner aucune sévérité à une majorité dont j'étais le chef; on a eu raison de le lui permettre, et je n'ai jamais demandé qu'on le lui interdît. Mais pourquoi me refusez-vous l'usage modéré d'un droit de critique dont vous avez autorisé l'usage véhément dans le discours auquel je réponds?

La commission, toujours dans les meilleures intentions, a commis une erreur encore plus capitale : elle n'a pas voulu assumer la responsabilité de son déni de liberté, et elle vous a demandé de la couvrir de votre assentiment.

Ceci était périlleux. Il est indifférent que je prononce ou non un discours ; il est, au contraire, essentiel que l'Académie ne modifie pas sa constitution par un coup d'État intérieur, et qu'aux vieilles coutumes gardiennes de ses franchises elle ne substitue pas des procédés insolites qui prépareraient sa décadence. Vous avez été bien inspirés en rejetant un référé sans précédents qui ne fût pas resté sans conséquences. Créer à un degré quelconque la responsabilité collective de l'Académie dans ce qui se dit devant elle, c'est à l'instant même détruire la spontanéité de chacun de ses membres et la mettre elle-même à la chaîne. On lui imputerait d'abord ce qu'elle n'aurait pas empêché, puis tout ce qu'elle n'aurait pas dit, et on finirait par lui disputer même la dignité du silence. Partout l'originalité individuelle est menacée par l'intolérance des majorités. Restez l'asile inviolable de la libre pensée et de la libre parole. Ne vous asservissez jamais aux caprices d'une prétendue opinion publique qui change à chaque instant sans cesser d'être également tyrannique!

ÉMILE OLLIVIER.

Je n'envoyai pas officiellement cette lettre à l'Académie en même temps que je la publiais, afin de ne pas l'embarrasser en l'obligeant à me répondre. Plus tard j'ai regretté de ne l'avoir pas soumise à cette épreuve, dont elle aurait eu quelque peine à se tirer.

Mes raisons parurent sans réplique. Cela déplut aux chers confrères qui méditaient d'exécuter leur petit coup dans le mystère du huis clos. Quelques-uns de ceux qui avaient inventé l'ajournement ne furent pas moins mécontents. Ils s'étaient imaginé que je les dispenserais par une concession impossible de prononcer entre la commission et moi, qu'en me désavouant je leur éviterais la nécessité de la condamner ou de prendre leur part de responsabilité dans un nouvel acte de violence. Ils furent irrités que j'eusse mis le sentiment du droit, les principes, ma dignité, mon honneur, ma loyauté, au-dessus de leurs convenances personnelles et des petites habiletés académiques.

VI

Tout cela éclata à la séance du 5 juin. Comme je ne m'y rendis pas, je n'en puis dire que ce qu'on m'a raconté. M. Mézières, auquel on avait reproché son vote en ma faveur, proposa pour rentrer en grâce la résolution suivante : « L'Académie, ayant acquis la certitude qu'aucune entente n'est désormais possible entre M. Émile Ollivier et la commission de lecture, délègue au chancelier les pouvoirs du directeur et charge M. Marmier de recevoir M. Henri Martin. »

M. Camille Doucet déposa, de son côté, une autre résolution : « L'Académie, ne consultant que sa dignité et n'ayant pas à tenir compte d'une lettre qu'elle n'a pas reçue, passe à l'ordre du jour. »

La proposition de M. Mézières, mise la première en discussion, fut soutenue successivement par MM. Cuvillier-Fleury, Dufaure, qui prononça un véritable discours, J. Favre et Legouvé. Aucun de ces orateurs n'essaya de discuter ma lettre et de contester les preuves irréfutables qu'elle contient. Ils l'invoquèrent avec accompagnement de fort méchants propos pour en conclure, ce qui était vrai, que toute espérance d'une concession de ma part devait être abandonnée. Malgré une mauvaise humeur qu'en mon absence surtout, il eut le tort d'exprimer en termes peu mesurés, M. de Falloux persista à soutenir l'ajournement voté. MM. Nisard, Albert de Broglie, d'Haussonville, Camille Doucet, l'appuyèrent. « L'ajournement, dirent-ils, en substance n'a pas été voté dans le désir d'être agréable à M. É. Ollivier; il l'a été dans l'intérêt de l'Académie, afin de donner aux esprits le temps de se calmer et pour sauvegarder l'indépendance de nos directeurs. C'est donc moins en considération de M. É. Ollivier qu'en vue d'elle-même, que l'Académie doit maintenir sa décision sans en espérer beaucoup, mais sans avoir sitôt le droit d'en désespérer tout à fait. »

La proposition de M. Mézières fut votée par les

treize voix de MM. Mignet, Victor Hugo, Legouvé, Dufaure, Cuvillier-Fleury, J. Favre, Mézières, Lemoinne, J. Simon, Ch. Blanc, Sardou, Boissier, Sandeau. Elle fut repoussée par les douze voix de MM. de Falloux, Nisard, J.-B. Dumas, de Broglie, Feuillet, Doucet, d'Haussonville, Rousset, Viel-Castel, Caro, Augier, Renan. Si MM. de Champagny et Marmier, tous les deux présents, ne se fussent pas abstenus ou si MM. Alexandre Dumas et de Laprade n'eussent pas été empêchés, l'ajournement eût été maintenu. *Ubi intenderis ingenium, valet; si lubido possidet, ea dominatur, animus nihil valet* (1).

VII

Pendant que l'Académie délibérait, j'avais préparé deux lettres. La première, pour le cas où l'Académie confirmerait sa première décision, adressée à mes confrères eux-mêmes, était ainsi conçue :

« Mes chers confrères,

Vous venez de repousser une seconde fois les conseils de la violence, j'en suis très touché et je vous témoigne aussitôt ma reconnaissance en dénouant la difficulté inextricable où vous a jetés l'intolérance d'une commission, création du sort et du hasard et non de votre vote. Il m'est impossible en conscience d'accorder le retranchement

(1) Salustii *Conjuratio catilinaria*, LI.

qu'on a voulu m'imposer et plus impossible encore de reparaître devant ceux qui ont voulu me l'imposer. Je publie mon discours afin de rendre les hommes impartiaux juges du dissentiment que vous avez eu raison de ne vouloir pas connaître, et désireux de ne pas interrompre plus longtemps le cours paisible de vos séances publiques, je prie moi-même M. Marmier de se charger de la réponse réglementaire à M. Martin. »

La seconde lettre, pour le cas plus probable où l'Académie révoquerait sa décision, était adressée à M. Francis Magnard, rédacteur en chef du *Figaro*. Elle disait :

« Monsieur le rédacteur en chef,

Dans sa séance d'aujourd'hui, l'Académie, revenant sur sa décision d'ajournement à six mois, vient de décider que M. Marmier serait chargé de répondre à ma place au discours de M. Henri Martin.

Je n'aurai pas le mauvais goût de caractériser ce revirement, ni surtout de discuter les motifs qui l'ont provoqué. Il me suffira de soumettre mon discours au jugement des hommes impartiaux, et j'ai pu me convaincre ces jours-ci que le nombre en est encore considérable. Qu'ils disent si j'ai outragé M. Thiers et si c'est par l'excès de dénigrement que j'ai péché !

Je vous prie de souligner le passage que j'ai refusé de supprimer. Plus tard on lira le passage autorisé de M. Henri Martin sur la guerre. En rapprochant ce qu'on a permis à celui-ci de ce qu'on m'a interdit, on pourra mieux juger de l'esprit qui a animé la commission.

Je n'exagère pas la portée de cet incident; cependant, comme indice de la manière dont certains républicains ont pratiqué la liberté quand ils étaient les plus forts, l'historien attentif ne le négligera pas.

Veuillez agréer, etc.... »

Dès que je fus informé du revirement de l'Académie, j'envoyai cette seconde lettre avec mon discours. Le *Figaro* les reproduisit immédiatement.

VIII

DISCOURS

« Monsieur,

« Le cardinal de Retz aperçut un jour entre les mains de M. le Prince quelques ouvrages sur les évènements auxquels ils avaient été mêlés ensemble. — « Ils nous ont faits, dit M. le Prince, vous et moi, tels qu'ils auraient été s'ils s'étaient trouvés en nos places. » On en peut dire autant de la plupart des histoires. Écrites par des hommes de cabinet privés des intuitions que donne le maniement des affaires d'État, ou par des politiques de parti uniquement occupés à chercher dans le passé des arguments pour leurs ambitions et leurs rancunes présentes, elles ne sont que des imaginations systématiques ou des contrefaçons de la vérité. Telle n'est pas votre œuvre, Monsieur, celle qui s'arrête à 89. Elle est digne du siècle historique dans lequel elle a été composée. Vos maîtres avaient renouvelé la méthode, éclairé les origines, expliqué les évolutions principales, retracé quelques épisodes intéressants, fouillé, compulsé, pesé les documents originaux; vous avez réuni dans un ensemble complet ces riches matériaux, rapproché des membres épars et présenté à la France une image d'elle-même dans laquelle il ne lui a pas déplu de se reconnaître. On a dit que l'œuvre d'Augustin Thierry était une narration, celle de Guizot une analyse, celle de Michelet une résurrection, la vôtre est une synthèse. Aucune des expressions de l'activité nationale ne vous échappe, car vous ne pensez pas qu'on puisse se rendre compte du développement d'un peuple par l'histoire seule des gouvernements et des armées; vous y joignez celle des mœurs, des idées, des sciences, des arts; vous ne faites pas la place du penseur et de l'artiste moindre que celle du politique et du général, et vous nous rendez Descartes, Domat, Poussin, aussi bien que Richelieu ou Colbert. Sous la variété incessante des transformations, vous avez retrouvé le fond persistant dans lequel la vitalité exubérante du Gaulois s'est unie à la forte culture du Romain pour composer, par le plus heureux des alliages, une race privilégiée destinée, dans la mauvaise comme dans la bonne fortune, à devenir la leçon des peuples. Votre récit s'avance à travers les temps au milieu des péripéties les plus diverses, sans s'attarder ni se précipiter, calme, ferme, judicieux, et selon une ordonnance si heureuse qu'à tous les tournants de la route, on découvre toujours le point d'où l'on est parti et celui vers lequel on marche. A la narration animée vous savez mêler le tableau qui, en quelques pages, résume une époque et le portrait qui, en quelques lignes, caractérise un personnage. Votre langue est de la meilleure trempe et, si l'on n'y admire pas les élans d'imagination qui rangent Michelet parmi les poètes, on y trouve de la sûreté, de la force, un ton soutenu et une gravité vraiment historique. Que vous racontiez le martyre de l'héroïne populaire ou la domination éclatante du roi de Molière et de Bossuet, partout on sent l'attachement passionné au noble pays dont vous retracez les dramatiques annales. Ses succès vous réjouissent, vous souffrez de ses fautes, et ses épreuves vous désolent, quoique vous sachiez bien qu'elles ne furent jamais qu'une préparation à des gloires nouvelles. Vous ne dissimulez nulle part vos convictions démocratiques, et, néanmoins, vous savez admirer notre vieille société monarchique, si héroïque et si charmante, qui a anobli et rendu aimable notre nom, créé nos mœurs, notre langue, notre unité et nous a façonnés à la grandeur.

Depuis longtemps l'Institut vous avait décerné ses plus hautes récompenses; l'Académie vous en a accordé une dernière et non la moins précieuse, en vous jugeant plus digne que tout autre de l'entretenir du confrère qui est une de ses chères illustrations. Au premier abord, ce choix a étonné. Il est peu des appréciations de votre prédécesseur que vous n'ayez contestées; vous avez combattu la plupart de ses actes et, sans l'insistance du confrère qui a l'honneur de vous recevoir, très influent en 1863 sur le corps électoral de Paris, vos amis eussent tenu éloigné de la tribune celui qui, à cette époque, n'était à leurs yeux comme aux vôtres que le grand orateur de la vieille Europe (1). Mais votre enthousiasme bien connu pour les derniers actes de M. Thiers a rassuré et donné la confiance que vous seriez d'autant plus fervent dans vos éloges que vous auriez à réparer d'anciennes rigueurs.

Peut-être avez-vous trop accordé à cette attente. Il appartient à notre compagnie de sauvegarder les qualités de mesure et d'urbanité qui constituent le propre de notre génie et lui assurent cet ascendant où le charme du goût a autant de part que la beauté de l'éloquence ou la puissance de la dialectique. Ailleurs, on dispute; ici, on cause; ailleurs, on est

(1) Je pourrais multiplier les citations. Voici, par exemple, le jugement de M. Henri Martin sur le concordat, que M. Thiers considérait comme une des plus belles œuvres de Napoléon : « Ainsi fut renversé ce régime de la liberté religieuse inauguré par la Révolution, dans la période où elle avait tenté de s'organiser selon ses principes; ainsi fut rétablie cette alliance de l'État et de l'Église romaine, qui rendait à la hiérarchie ecclésiastique l'appui de l'autorité publique, asservissait dans le présent l'Église à l'État et compromettait pour l'avenir l'indépendance de l'État, surtout dans la question capitale de l'enseignement. — De tous les coups portés par Bonaparte aux libertés publiques et au progrès des temps nouveaux, aucun n'a infligé à la France une blessure plus difficile à guérir. » (*Histoire populaire*, t. IV, p. 564). En 1869, tandis que je soutenais la candidature de M. Thiers, que j'avais imposée en 1863, M. Henri Martin poussait contre lui celle de M. d'Alton Shée!

jugé comme l'était ce maréchal Soult qui avait gagné ou perdu la bataille de Toulouse, suivant qu'il était dans l'opposition ou au pouvoir; ici, quand on a une fois gagné la bataille, on ne la perd plus. Ces mœurs de l'Académie ne se montrent jamais mieux qu'au moment où l'un de nos confrères nous quitte; c'est alors comme une émulation entre nous à qui en parlera le plus dignement et « lui prestera mieux quelque tour d'espaule pour le haulser » ; et, si parfois l'épigramme se mêle au compliment, c'est afin de lui donner plus de saveur. Pour que cette courtoise harmonie ne soit pas troublée, il y a une sorte d'accord tacite de ne toucher qu'en passant et d'une main légère aux sujets qui irritent ou qui divisent, de manière à rendre facile ces séances triomphales où l'hommage emprunte à son unanimité je ne sais quoi d'émouvant qui va loin dans le cœur des hommes.

Vous n'avez pas cru possible de vous astreindre à cette discrète coutume; vous ne vous contentez pas de louer grandement l'écrivain, l'orateur, l'esprit universel qu'une démonstration de Laplace attachait autant qu'une fresque de Raphaël, vous célébrez avec une prédilection particulière l'homme d'État et n'avez estimé aucune qualification, même celle de Père de la patrie, au-dessus de ses mérites. Un tel panégyrique obligerait à une contradiction motivée, s'il n'était préférable de se souvenir, sauf sur les points où l'honneur ne permet pas le silence, que nous ne sommes pas dans une arène politique.

Vous nous avez rendu avec art l'orateur et l'historien, et l'on ne saurait assez faire écho à vos justes louanges.

Celui qui n'avait pas entendu déjà la merveilleuse parole de M. Thiers éprouvait d'abord quelque déception. Il ne possédait, en effet, aucun des prestiges extérieurs auxquels des orateurs célèbres ont dû une partie de leurs succès. Sa tête était pleine, disposée pour une vaste curiosité, l'œil pétillant, d'une vivacité lumineuse, la lèvre ferme et malicieuse, la physionomie toute parlante et d'où sortaient sans cesse comme des étincelles d'esprit; mais de sa stature courte, il dépassait à peine le marbre de la tribune; sa voix, dépourvue d'inflexions musicales, était impuissante aux accents solennels ou pathétiques, et l'on avait au début quelque difficulté à saisir ses paroles. Cette première impression se dissipait vite, car l'enchanteur déployait bientôt ses séductions. Il ne cherchait point ces coups terribles qui soulèvent l'auditeur et le rejettent sur lui-même haletant d'émotion; il procédait par une multitude de petits coups assénés avec prestesse : c'était d'abord, plutôt qu'une action oratoire imposante, une causerie délicieuse semée de détails spirituels, qui donnait le plaisir de ce qu'il y a de plus sensé, de plus net, de plus vif, de plus attique dans le langage français; peu à peu les développements prenaient de l'ampleur, les répétitions diminuaient, la diction acquérait de la force; une passion communicative animait, portait, poussait les raisonnements; la voix devenait vibrante, le geste dominateur, et le causeur se transformait en un orateur entraînant qui subjuguait les assemblées.

La valeur de l'historien dépasse encore, cependant, celle de l'orateur.

Sa supériorité se révèle d'abord par le choix du sujet : la Révolution. Cet évènement grandiose se divise en trois parties inséparables, comme dans une trilogie antique. La première est celle de l'enthousiasme : la nation est unanime, elle marche confiante et enflammée d'espérances sans limites vers un idéal de justice et de liberté auquel elle veut en France associer toutes les classes et en Europe toutes les nations. Cette heure d'enivrement est fugitive; l'unanimité se rompt; ceux qui avaient trop ne veulent pas abandonner assez, et ceux qui n'avaient pas assez veulent prendre trop; l'Europe refuse le bienfait que nous lui offrions et, craignant la contagion de l'exemple, ne nous permet pas d'en profiter nous-mêmes; la guerre civile et la guerre étrangère éclatent à la fois et s'excitent réciproquement. La deuxième période, celle de la convulsion, commence; elle est terrible et sublime : soulevés par la tempête au sommet des flots, des hommes ordinaires s'élèvent à des hauteurs extraordinaires. Mais ce combat herculéen ne tarde pas à user l'énergie de la Révolution; essoufflée, à bout de forces, des féroces ou des fanatiques elle tombe aux mains des incapables ou des corrompus, et ces temps recommencent où l'on est plutôt sans maître qu'en liberté, *magis sine domino quam in libertate;* puis, l'incertitude devenant plus cruelle que les maux, la contre-révolution elle-même apparaît comme une délivrance. A ce moment, un jeune capitaine, tel que les siècles n'en comptent pas deux, qui devine tout ce qu'il ne sait pas, se met à la tête de la Révolution à la veille de finir comme une révolte éphémère, la protège, la relève, l'organise et en fait une époque impérissable. Lui ayant assuré la victoire intérieure, à coups de prodiges, il lui conquiert dans l'Europe la place qu'on lui dispute, et il rend à jamais impossible chez nous le retour de l'ancien régime en le détruisant partout. Dans cet effort, il dépasse le but et il ne respecte pas assez chez les autres l'indépendance qu'il nous assure. Cependant nul ne peut le dompter, et devant lui tous plient ou sont dissipés. Pour l'arrêter, il faut que la Providence se montre : elle déchaîne ses éléments et un hiver précoce triomphe du triomphateur. Toutefois elle ne le frappe que pour l'avertir. A l'île d'Elbe, comme du fond d'un tombeau, il comprend la leçon et il devient un homme nouveau. Sûr d'avoir placé les conquêtes de 89 au-dessus de toute atteinte, il renonce à la domination universelle et à la dictature qui en avait été la condition nécessaire ; il ne songe plus, après avoir repris nos frontières naturelles, qu'à clore la Révolution par l'établissement d'un gouvernement démocratique et libre. A quelles splendeurs ne serions-nous pas parvenus, s'il avait réussi ! Par malheur, la victoire était lasse de le suivre. Quoique égal à lui-même, il succombe à Waterloo sous la fatalité. Rien, néanmoins, n'était perdu : les forces nationales restaient immenses et la lutte pouvait être continuée avec espoir; mais les factions qui n'avaient pas changé, tandis que Napoléon changeait, ne le permirent pas. On vit alors une chose nouvelle. Jusque-là, nous avions considéré comme impossible d'abandonner un chef vaincu, qu'elles qu'eussent été ses fautes. César avait noté ce trait de notre caractère, que Machiavel a retrouvé. Chez tous les peuples grands ou destinés à le devenir, il en a été ainsi, car c'est par la manière dont elles supportent l'infortune que les nations montrent ce qu'elles valent. En 1815, au lieu d'imiter le libérateur de 92, Carnot, et le maître de la liberté, Benjamin Constant, de soutenir avec eux le souverain qu'un plébiscite libéral venait de consacrer de nouveau, Lafayette, indigne de lui-même, le méconnaît, l'affaiblit, le mine et obtient sa déchéance d'une assemblée sans patriotisme. Le peuple paralysé subit cette félonie en la maudissant. Quand le héros a expiré sur son calvaire de Sainte-Hélène, il le transfigure et, avec son imagination plus riche que celle des poètes, il crée cette légende de gloire et de douleur contre laquelle les clameurs injurieuses viendront se briser impuissantes. Qu'on débaptise partout dans nos villes les rues qui le rappellent! On ne l'arrachera ni des souvenirs, ni des institutions, ni des faits. Il plane toujours au-dessus de notre société, comme s'élève au-dessus de la cité le dôme resplendissant sous lequel il repose. En république, aussi bien qu'en monarchie, nous vivons de ses maximes. On ne peut, a dit le poète, « remuer rien de grand sans toucher à son nom. »

Veut-on apprendre à nos officiers comment on remporte des victoires? On met ses écrits dans leurs mains. Veut-on sauvegarder la paix religieuse? On invoque son concordat. La France ne répudierait cette mémoire que si elle devenait infidèle à la Révolution dont Napoléon a été le sauveur, le législateur et l'immortelle personnification.

Voilà le sujet. Il n'en existe pas de plus beau, et, en même temps, de plus immense et qui exigeât une telle variété de connaissances et d'aptitudes. M. Thiers le parcourt avec une puissance que la fatigue n'affaiblit pas un instant. Dans sa composition harmonieuse, les évènements se succèdent sans se heurter et se coordonnent sans se confondre. Chacun n'obtient que sa juste part en étant aussi bien présenté que s'il était l'objet unique du livre; de l'un on passe à l'autre par des transitions si heureusement ménagées, quoique l'art en soit invisible, que l'intérêt, changeant sans cesse de nature, ne s'épuise pas. Les mouvements secrets ou contradictoires du cœur humain sont démêlés avec autant de sagacité que les manœuvres des armées ou que les combinaisons de la diplomatie, et l'étendue d'esprit qui saisit l'ensemble des faits et les embrasse d'un coup d'œil n'exclut pas l'analyse pénétrante qui en aperçoit les nuances les plus délicates. Le style précis, transparent, d'une justesse imperturbable, d'une souplesse prodigieuse, à l'occasion fort ou éloquent, d'un mouvement qui varie à tout instant d'allure sans se ralentir, négligé parfois mais jamais lourd, à défaut du relief des mots offre celui des choses; il ne reluit pas, il coule; il ne colore pas, il dessine; il n'est pas forgé péniblement, il s'échappe avec une intarissable aisance d'une intelligence toujours ouverte; il n'impose pas l'émotion par l'emportement concentré de quelques traits, il l'insinue par la force toujours agissante de la simplicité, de la vérité et de la vie. Il fournit la preuve du précepte de l'auteur : que l'expression naturelle d'une grande pensée fait toujours un grand écrivain.

Le don du justicier est le seul qui manque à l'historien. « Ses justices, a dit Lamartine, dont vous avez invoqué le témoignage, semblent s'exercer plutôt sur l'insuccès que sur l'immoralité des actes. » Après avoir tout accordé au Napoléon des années prospères, il n'excuse plus rien, sauf le génie militaire, dans le Napoléon des jours malheureux, et il déroule avec une impassibilité presque laudative le récit des cyniques abandons. Ces défaillances ne sont, à la vérité, que la moindre partie de la composition immense de M. Thiers consacrée surtout au récit. Or l'art de raconter, au degré où il le possède, c'est plus que du talent, c'est du génie, et son nom restera, entre ceux de Thucydide, de Tite-Live, de Tacite et de Guicciardini, inséparable de la notion même de l'histoire.

Il est trop tôt pour porter un jugement définitif sur l'ensemble de la carrière publique de notre confrère. L'œuvre politique de laquelle dépend désormais sa gloire est encore en voie d'accomplissement, et lui-même a laissé une grave prophétie sur les éventualités qui peuvent en arrêter l'avenir. « En tout pays, a-t-il dit dans son *Histoire du Consulat et de l'Empire,* en tout pays déchiré par des factions, menacé par des ennemis extérieurs, le besoin d'être gouverné et défendu amènera tôt ou tard le triomphe d'un personnage puissant, guerrier comme César à Rome, riche comme les Médicis à Florence... Si ce pays a toujours vécu en monarchie, que la folie des factions l'ait pour un instant arraché à son état naturel pour en faire une république éphémère, il faudra quelques années de trouble pour inspirer l'horreur de l'anarchie, moins d'années encore pour trouver le soldat capable d'y mettre un terme, ramener ainsi le pays à ses habitudes et dissiper le songe de ceux qui avaient cru changer la nature humaine par de vains décrets (1). » Tant que l'expérience n'aura pas refuté cette page, ne trouvez-vous pas quelque témérité à donner si tôt à celui qui l'a écrite l'honneur d'avoir conclu la Révolution ?

Dès maintenant, ce qu'on ne peut lui dénier, c'est la variété des aptitudes pratiques. Il ne croyait pas que la politique fût gouvernée par des règles inflexibles auxquelles on doit s'asservir : il la considérait comme déterminée par des circonstances auxquelles il est sage de s'adapter ; il prisait peu les

(1) *Consulat et Empire,* liv. XIX.

sectaires inconséquents qui, invoquant de prétendus principes, veulent introduire dans la portion la plus mobile de la science du relatif, l'absolu qu'ils mettent leur ambition à exclure du domaine philosophique. Dans la conduite, il était inépuisable en ressources, aisé à se retourner et à prendre toutes les formes nécessaires à ses desseins, prompt à trouver les tours par lesquels on pousse les hommes en leur donnant des lueurs de crainte ou d'espérance, possédant au plus haut degré cette heureuse flexibilité d'esprit qui est le don propre du politique, résolu de langage parce qu'il savait que la plupart, superficiels ou inattentifs, sont conduits surtout par la force de l'affirmation, mais dans les actes circonspect, ne marchant qu'à coup sûr, toujours éveillé, attentif, persévérant. En un point, cependant, sa pénétration lui a fait défaut. Homme d'esprit, il a trop cru à la puissance exclusive de l'esprit; homme d'expansion, il a trop dédaigné les taciturnes. Être sans esprit n'a nui à personne en politique, et plus d'un a tiré grand profit d'être réputé n'en avoir pas; ne rien dire a toujours été, dans certaines situations, une force incalculable; parfois cela vaut l'admiration universelle.

Cette vie si remplie donne d'autres exemples que ceux de l'éloquence ou de la science d'écrire l'histoire et de se conduire à travers les accidents d'une vie publique. Aux ambitieux pressés de tout obtenir sans effort et habitués à tout trancher sans études, elle enseigne au prix de quelles longues constances de la volonté et de quels pénibles labeurs on se rend digne de dominer dans les assemblées sérieuses. Aux esprits enclins à tout ramener au jeu des forces matérielles, elle démontre combien le culte de la beauté artistique profite même au maniement des affaires. Autour du cabinet où il suivait sur ses cartes les évolutions stratégiques des armées, où il décrivait les détails les plus minutieux de l'administration, notre confrère avait fait reproduire les chefs-d'œuvre de la peinture. Il se reposait ou s'inspirait dans la contemplation de l'*École d'Athènes* ou du *Jugement dernier*. Juste conception de l'art qui n'est pas seulement un délassement d'oisif ou une agréable excitation des sens, mais un des moyens les plus efficaces par lesquels Dieu verse à nos âmes le cordial qui les relève, les rafraîchit, les tient alertes et mieux disposées à remplir avec vaillance la tâche grande ou petite qui leur a été destinée.

M. Thiers a-t-il mérité par sa conduite, en 1870, d'être appelé le Français entre tous? Pour justifier ce titre fastueux, vous vous montrez bien sévère envers la Chambre de 1870.

Vous lui reprochez d'avoir accueilli par des outrages des conseils qui lui déplaisaient. C'est une erreur. Loin de s'associer aux clameurs d'un petit groupe, elle approuva les paroles suivantes du garde des sceaux : « Plus un courant d'opinion est unanime et violent, plus il y a de grandeur d'âme, quand on le croit erroné, à tenter de l'arrêter. »

Vous la représentez comme frappée de vertige. Avant de la qualifier ainsi, il eût été équitable de se rappeler l'excitation dans laquelle notre confrère la tenait lui-même depuis quatre ans. Depuis quatre ans, il ne cessait de se lamenter sur la perte de notre prépondérance nationale, lamentation d'autant plus contagieuse qu'elle était accompagnée de l'exaltation de l'armée française. « Rien, disait-il, n'est au-dessus de ses forces (1) ». Le 30 juin 1870, il répétait encore : « Nous sommes forts, nous sommes imposants. » On ne dit pas à tout propos à un peuple fier qu'il vient d'être humilié et qu'il possède une armée invincible, sans lui inspirer le désir passionné de relever son prestige amoindri.

Vous supposez que des revers inévitables, que l'abîme était la conséquence de la résolution du 15 juillet. Or M. Thiers ne le croyait pas, puisque, même après l'évènement, gardant de nos soldats l'opinion qu'il en avait exprimée auparavant, il a déclaré « que si, au début, on avait agi avec vigueur « et présence d'esprit, on aurait rabattu les Prus-« siens, peut-être percé leur ligne, rejeté leur « énorme masse sur Mayence et changé la face des « évènements » (2). Il avait raison. Aucune armée, depuis le camp de Boulogne, n'avait été autant que notre héroïque et malheureuse armée du Rhin en état d'opérer des prodiges. Elle l'a prouvé dans ces combats de géants qui auraient pu si facilement devenir des victoires décisives et après lesquels l'honneur n'était plus à sauver (3).

(1) 10 décembre 1867.

(2) Déposition devant la Commission d'enquête.

(3) « J'ai été blâmé d'avoir voté la guerre, a dit M. Kératry, « parce qu'un succès pouvait réconforter l'empire. »

Dans des circonstances non sans quelque similitude avec les nôtres, Démosthènes disait aux Athéniens : « Qu'un orateur se lève et vous dise : C'est Diopithe qui cause tous vos maux, c'est Charès, Aristophon, ou tout autre qu'il lui plaît de vous nommer, vous aussitôt d'applaudir et de vous écrier en tumulte : Oh ! qu'il dit vrai ! mais qu'un homme sincère vous dise : O Athéniens ! le seul auteur de vos maux, c'est Philippe, cette vérité vous irrite, et c'est comme un trait qui vous blesse. » Ailleurs que dans cette réunion, je m'approprierais cette plainte de l'Athénien et je ferais entendre une parole publique qui ne serait pas l'affirmation du bon droit de la Prusse. Mais il serait trop long d'expliquer ici les causes et de suivre les péripéties de ces tragiques évènements. La Justice, qui s'avance d'un pas boiteux mais sûr, dissipera les ivresses de la passion triomphante et rendra à chacun ce qui lui appartient.

M. Thiers a bien mérité de la nation en acceptant la tâche difficile de libérer le territoire. On discutera les moyens auxquels il a eu recours ; aucun juge impartial ne refusera son admiration à ce vieillard infatigable, jour et nuit au travail, passant du conseil à la tribune, au champ de bataille, aux conférences avec un ennemi implacable, usant les derniers restes de sa vie à arracher notre territoire à l'étranger, notre capitale à l'anarchie.

Mais, avant ces jours-là, une grandeur plus haute, lui avait été offerte par la destinée. Le 9 août, à la première nouvelle de revers aussi foudroyants qu'im-

prévus, s'il avait tenu le raisonnement qu'il fit le 4 septembre au profit des envahisseurs du Corps législatif, et dit : « L'ennemi approche, pas de divisions, pas de luttes intestines, pas de révolution ! Faisons tous le sacrifice de nos sentiments personnels aux dangers publics (1) », *par la force des choses, par la volonté de la Chambre et de l'assentiment général, il fût devenu aussitôt le maître des affaires quand rien n'était encore perdu; il eût sauvé vraiment le pays et empêché les malheurs qu'il a pu seulement atténuer. Malgré son patriotisme, M. Thiers ne comprit pas ainsi le devoir. Un homme s'est trouvé qui, n'ayant ni son autorité ni ses lumières, par un simple mouvement de cœur arriva à plus de clairvoyance : le noble général Changarnier. S'inspirant de la tradition de Carnot, il oublie son emprisonnement, son long exil, sa carrière brisée; et, ne pouvant à la tribune conseiller l'abnégation, il court au quartier général, serre la main de l'Empereur et s'enferme à Metz, quoique plié par l'âge, pour lutter et souffrir avec ses anciens lieutenants !*

Voilà la conduite magnanime qu'il faut proposer à l'admiration du temps présent; car si, ayant tant à nous pardonner les uns aux autres, personne ne donne l'exemple de l'oubli généreux, que deviendrons-nous (2) ?

L'ordre social n'est pas resté fermé à l'esprit

(1) Discours prononcé à la Présidence, le soir du 4 septembre.

(2) Ce passage souligné est celui dont la commission a exigé le retranchement.

d'audacieuse recherche qui travaille ce siècle créateur. Tandis que la science diminue peu à peu l'action des fatalités mystérieuses, que l'art emploie la beauté accomplie des formes antiques à exprimer des sentiments nouveaux, l'organisation actuelle s'affaiblit sous l'assaut d'une critique infatigable; la plupart des maximes d'après lesquelles la société était arrangée sont mises en question; le peuple excité et non dirigé, tourmenté de vagues désirs et d'aspirations confuses, attend l'éclosion du monde nouveau qu'on lui a promis : il faut tour à tour le satisfaire et le contenir. Plus que jamais au-dessus des débats politiques d'importance secondaire, se montre le devoir social de soulager les détresses morales et matérielles des déshérités. Dans une telle situation, grosse de périls et d'incertitudes, est-ce bien le moment de saisir dans tout malheur public l'occasion attendue de triompher des pouvoirs contre lesquels on a des griefs ? N'est-ce pas même trop de les poursuivre de récriminations byzantines, après que, disparus de la scène du monde, ils sont tombés dans le passé ? Ne serait-il pas mieux de reconnaître que si, au milieu de la mobilité imprévue des circonstances, aucun gouvernement n'a su toujours discerner le bien ou le réaliser, tous, d'un même effort sincère, l'ont cherché et voulu ?

Napoléon écrivait à son frère Louis : « Je ne me sépare pas de mes prédécesseurs et, depuis Clovis jusqu'au Comité de Salut public, je me tiens solidaire de tout, et le mal qu'on dit de gaieté de cœur contre les gouvernements qui m'ont précédé, je le tiens comme dit dans l'intention de m'offenser. » Ainsi parlent les grands hommes d'État et les véritables patriotes. Les grands hommes d'État savent que le respect est le ressort principal de l'autorité, et qu'on ne saurait l'exiger à son profit quand on l'a refusé aux autres. Ils n'oublient pas que, quelles que soient leurs bonnes intentions ou leurs lumières, ils se tromperont ou seront trompés par la fortune, et ils n'ont pas l'imprévoyance de se montrer impitoyables à l'égard de leurs devanciers, ayant à craindre qu'on ne le devienne envers eux. Les véritables patriotes sentent que les peuples sont inséparables de leurs gouvernements et qu'on les déconsidère en outrageant les chefs auxquels ils ont obéi longtemps. Une existence nationale ressemble à ces édifices élevés par des générations successives. Les architectes n'ont pas tous eu le même génie, et parfois, comme à Saint-Pierre, d'un Bramante ou d'un Michel-Ange on est tombé à un Carlo Maderno ; et cependant la pierre du plus mauvais ouvrier est aussi indestructible que celle du meilleur, et, si l'on en arrachait une seule, l'édifice entier serait en péril ! »

IX

On n'a pas d'exemple d'une résistance aussi obstinée, m'a-t-on dit. — C'est qu'il n'y avait pas encore eu d'exemple d'une telle intolérance. Une fois un conflit de cette nature avait été sur le point de se produire. Il s'agissait de la réception de M. Guizot, par M. de Ségur (1836). Par une coïncidence aussi piquante que celle qui avait réuni dans ma commission tous les amis de M. Henri Martin et tous mes ennemis, la commission de M. Guizot se trouva composée de MM. Royer-Collard, Thiers et Dupin. M. Royer Collard s'excusa sous prétexte qu'il arrivait de la campagne, qu'il lui fallait ranger ses livres et ses papiers et qu'il faisait tout lentement. M. Thiers et surtout M. Dupin trouvèrent excessifs les éloges que le directeur fort enthousiaste du juste-milieu prodiguait au récipiendaire, et lui demandèrent d'en rabattre. Comme moi, le directeur M. de Ségur n'en voulut pas démordre, et l'on crut que la séance allait être contremandée. Seulement, mieux avisés que mes juges, MM. Dupin et Thiers se contentèrent de légères modifications et le différend s'arrangea (1).

Pourquoi un accord pareil ne s'est-il pas conclu entre les amis de M. Thiers et moi? La rupture aurait-elle pu être évitée, comme ont semblé le croire les esprits inattentifs, par quelques habiletés de formes? S'il en avait été ainsi je n'aurais pas résisté, je ne tenais pas assez à mes phrases pour ne pas les sacrifier avec empressement à la concorde et au désir d'éviter des ennuis à des confrères avec lesquels je vivais en relations courtoises. En réalité, il s'agissait d'un dissentiment de principe, du plus grave qui puisse être porté devant une nation indépendante.

(1) Doudan. Lettres des 17 et 20 décembre 1836.

Lorsqu'un gouvernement qu'on déteste est malheureux sur le champ de bataille, où est le devoir? Est-il d'oublier ses ressentiments, de lui venir en aide contre l'étranger, dût-on le consolider? Est-il, au contraire, de lui refuser tout concours sérieux et, sous prétexte qu'on apaisera l'ennemi, de travailler à son renversement? Chez les peuples sains de telles questions ne se posent même pas. Quiconque n'est pas avec le gouvernement de son pays contre l'étranger est un traître noté de la réprobation générale. Chez les peuples infectés de l'esprit de parti il est, au contraire, admis par certains hommes qu'on peut profiter des revers nationaux pour satisfaire sa haine. Ainsi ont pensé, en 1814, Talleyrand, en 1815, Lafayette.

Napoléon a dissipé de sa forte parole les sophismes par lesquels on a essayé de déguiser en acte de sagesse politique un calcul de véritable félonie. « Ce n'est pas quand les ennemis sont à vingt-cinq lieues qu'on renverse un gouvernement avec impunité. Pense-t-on que des phrases donneront le change à l'étranger? Si on m'eût renversé il y a quinze jours, c'eût été du courage.... mais je fais partie maintenant de ce que l'étranger attaque, je fais donc partie de ce que la France doit défendre... En me livrant, elle se livre elle-même, elle avoue sa faiblesse, elle se reconnaît vaincue, elle encourage l'audace du vainqueur (1). » Pendant que le grand vaincu parlait ainsi à Benjamin Constant, à l'Élysée, l'avenue

(1) Benjamin Constant, *les Cent jours*, quatrième note.

de Marigny retentissait des cris de Vive l'empereur! Une foule d'hommes, pour la plupart de la classe indigente et laborieuse, se pressait dans cette avenue, saisie d'un enthousiasme en quelque sorte sauvage, et tentant d'escalader les murs de l'Élysée pour offrir à Napoléon de l'entourer et de le défendre (1).

Les républicains de l'époque héroïque sentirent comme Napoléon et comme le peuple. Laissant les libéraux purs, à l'exception de Benjamin Constant et de Sismondi, suivre Talleyrand et Lafayette, Carnot, le plus illustre d'entre eux, écrivit à l'empereur : « Sire, aussi longtemps que le succès a couronné vos entreprises, je me suis abstenu d'offrir à Votre Majesté des services que je n'ai pas cru lui être agréables. Aujourd'hui que la mauvaise fortune met votre constance à une grande épreuve, je ne balance pas à vous faire l'offre des faibles moyens qui me restent. C'est peu de chose, sans doute, que l'effort d'un bras sexagénaire; mais j'ai pensé que l'exemple d'un soldat dont les sentiments patriotiques sont connus pourrait rallier à vos aigles beaucoup de gens incertains du parti qu'ils doivent prendre, et qui peuvent se laisser persuader que ce serait servir leur pays que les abandonner. » (24 janvier 1814.) La grande majorité du parti républicain imita cet exemple de Carnot. Le brave général Lecourbe repoussa les ouvertures de son ancien ami Moreau. Le conventionnel Grenier de Saintes dit à la tri-

(1) *Ibid.*

bune : « Il importe que l'Europe le sache : aucun dissentiment ne subsiste parmi nous quand il s'agit de sauver la France ; dans ce but glorieux nous ne faisons qu'un avec l'Empereur, comme l'Empereur ne fait qu'un avec nous, et lui-même devenu l'homme de la nation ne peut plus être séparé d'elle (1). »

Depuis, les âmes vraiment patriotiques se sont rangées du côté de Napoléon et de Carnot contre Talleyrand et Lafayette. Il serait trop long de citer tous les témoignages qui méritent d'être recueillis : je m'en tiens à ceux de Benjamin Constant, de Béranger, de M. Mignet.

Benjamin Constant : « Saisis d'une étrange préoccupation, les amis de la liberté s'attachèrent à compléter la ruine d'un homme, quand il fallait sauver l'État menacé. Les passions ont un merveilleux penchant à croire ce qui les flatte : on s'obstina, malgré les nombreux exemples inscrits dans les annales de tous les peuples, à penser que la guerre cesserait à l'instant où la France aurait abjuré son chef. Comme on avait obéi à cet homme extraordinaire quand la résistance aurait été louable et utile, on l'abandonna quand on ne pouvait se séparer de lui qu'en favorisant le pire des maux, l'invasion étrangère. Une révolution intérieure, au milieu de l'acharnement des étrangers déjà triomphants, ne tendait qu'à nous enlever nos dernières ressources (2). »

Béranger : « Lui seul (Napoléon), en dehors du

(1) *Mémoires de Carnot par son fils,* t. II, p. 419.
(2) *Les Cent jours.* Notes III et IV.

peuple, fut patriote dans ce moment solennel. Lui seul? Non : il y en eut un autre, un de nos anciens chefs suprêmes, guerrier savant, vieux républicain désintéressé, proscrit délaissé à qui Napoléon rendit justice trop tard, et qui, voyant la France en danger, n'écouta ni son juste ressentiment, ni même ses opinions, ce qui est un devoir de haute vertu en pareille circonstance. Il est inutile de dire que je parle de l'illustre Carnot (1). »

Mignet : « En présence du parti de l'ancien régime vaincu mais menaçant, à l'approche de l'Europe coalisée s'avançant en armes, Napoléon n'était plus que *le représentant* de la Révolution, *le défenseur* du territoire. Il ne fallait pas, par des défiances intempestives, l'entraver et l'affaiblir (2). La Chambre des représentants, dévouée aux principes de la Révolution, mais dépourvue de la prévoyance et de la vigueur qui pouvaient les sauver, libérale et défiante hors de propos, discuta l'étendue des droits politiques de la France, lorsqu'il aurait fallu défendre son indépendance en péril, exigea l'abdication de celui qu'elle aurait dû armer de la dictature, moins redoutable, en ce moment, que l'invasion; et nomma un gouvernement provisoire, désuni, incertain, qui ne sut ni combattre avec honneur, ni traiter avec avantage (3). »

Ces idées étaient les miennes. Depuis mon enfance j'étais habitué à croire que haine, amour,

(1) *Ma biographie*, p. 149.
(2) *Notice sur Comte.*
(3) *Notice sur Bignon.*

préférences, opinions, calculs personnels, tout doit se taire dès qu'il s'agit du salut ou de l'honneur ou de la gloire de la patrie. Je ne connais pas un seul homme, fût-il mon plus cruel ennemi, que je ne sois prêt à défendre et à servir dès que, même par la défaite, il sera devenu le représentant de la cause nationale. Aussi est-ce avec chagrin que j'avais vu M. Thiers s'abaisser au rôle des libéraux de 1815; avec désespoir que j'avais entendu mon noble pays admirer, au lieu de la maudire, cette funeste aberration de la haine. Le hasard, en me plaçant à la tête de l'Académie le jour de la mort de M. Thiers, n'avait pas voulu me fournir le prétexte de débiter quelques périodes plus ou moins heureuses sous la coupole de l'Institut; il m'avait mis là pour que je fisse entendre la première protestation publique contre la légende de la vengeance, de l'imposture, de la crédulité et de la félonie. Aucune considération humaine ne m'eût fait déserter ce devoir qui m'était providentiellement imposé. J'avais poussé la réserve aux limites extrêmes, trop loin peut-être, en n'exprimant ma pensée que d'une manière détournée, par l'éloge du brave général qui avait renouvelé la conduite de Carnot, au moment même où M. Thiers reprenait celle de Lafayette. Toute autre concession eût été une défaillance répréhensible.

Au contraire, parmi les membres prépondérants de la commission, l'un était auteur, les autres bénéficiaires ou admirateurs du renversement ourdi et consommé, grâce à l'invasion, du 9 août au 4 septembre. Ils considéraient comme des citoyens dignes d'éloges les hommes qui, recommençant 1815 en 1870, avaient essayé de séparer la cause d'un Napoléon de celle de la France au moment où le sol était déjà ébranlé autour d'eux par les pas de l'ennemi triomphant. M. Mignet lui-même avait oublié ses sages jugements d'autrefois. Quelle conciliation pouvait-on espérer entre deux points de vue aussi radicalement opposés?

Ce qui s'est passé à l'érection de la statue de M. Thiers, à Nancy (3 août), a rendu bien plus manifestes les motifs impérieux de ma résistance. Là a éclaté la délicatesse d'âme de l'inspirateur de la commission, M. Legouvé. En face de notre frontière mutilée, à quelque distance de Metz qui gémit aux mains de l'étranger, il n'a pas craint de célébrer M. de Bismarck, et à ses pieds, qui nous ont tant foulés, d'immoler toutes nos gloires.

> Trois hommes dans ce siècle, à force de génie,
> De leur terre natale ont refait les destins.

Ces trois hommes de génie sont MM. Cavour, Thiers et Bismarck. Napoléon Ier n'a pas existé, ni aucun de nos grands hommes. L'orateur ne se contente pas d'exalter notre implacable ennemi, celui qui plaisantait sur l'odeur d'oignon rôti exhalée par les paysans brûlés à Bazeilles, celui qui, à tout propos, s'écriait : « Trop de prisonniers! trop de prisonniers! » celui dont la femme eût voulu qu'on égorgeât jusqu'à nos jeunes enfants (1). Il l'invite à sa fête comme don Juan invitait la statue du commandeur à son festin!

Car c'est vous honorer que de vous invoquer!

Ce témoin est nécessaire à la gloire de son héros. En effet, aucun Prussien n'a, mieux que M. Thiers, plaidé la cause du Prussien!

Et maintenant venez vous mêler avec nous;
Oui, sans que notre honneur ou *votre orgueil s'en fâche,*
Nous pouvons maintenant, nous, ses amis élus,
Pour rendre un solennel hommage à sa mémoire,
Demander, pour ce bronze, un hommage de plus :
Le vôtre. . . . . »

Lorsqu'on sent aussi peu les convenances du patriotisme on ne saurait en comprendre les devoirs; et il n'est pas surprenant que l'admirateur enthousiaste de M. de Bismarck à Nancy, ait, à l'Académie, jugé irréprochable la conduite tortueuse de M. Thiers après nos revers.

De tous les votes émis contre moi, le seul qui m'ait affligé est celui de M. Victor Hugo. J'ai toujours admiré, même quand je ne pouvais le suivre, ce vaste esprit dans l'œuvre colossale duquel on ne

(1) Busch, *Le comte de Bismarck et sa suite pendant la guerre de France*, chap. v, ix, 23 décembre, 24 janvier et passim — 28 octobre : « Puis-je vous demander, ajouta le prince en s'adressant au comte de Bismarck, comment se porte madame la comtesse? — Oh! beaucoup mieux. Elle ne souffre plus que de sa haine contre les Gaulois, qu'elle voudrait voir tous brûlés ou passés par les armes, tous, même les plus petits enfants, qui ne sont pourtant pas coupables d'avoir de si horribles parents. »

trouverait pas un sentiment qui ne soit haut, clément, généreux, d'une douce et forte sérénité. Comment n'a-t-il pas compris que, lorsqu'on est Victor Hugo, venir, dans une académie où l'on ne paraît presque jamais, assurer par son vote une conjuration d'intolérance contre un confrère qui, toute sa vie, a réclamé la liberté de tous, c'était déchoir. Certains hommes ne doivent pas se mêler des besognes subalternes. Il m'a semblé entendre comme un regret dans cette phrase d'une ironie méprisante, prononcée par l'illustre poète au Château-d'Eau le jour même de la fête de Nancy, et qui dépasse toutes mes sévérités : « Il y a quarante-cinq ans, à la tribune de la Chambre des députés, *un homme distingué*, M. Thiers, a déclaré que les chemins de fer seraient le hochet de Paris à Saint-Germain. » La commission eût interdit ce discours!

En rapprochant du portrait qui a déplu à l'Académie celui que je proposerai à l'histoire, on jugera mieux des sacrifices que, sans abandonner mes opinions, j'avais faits au désir d'éviter un éclat. Pour plus de clarté, je reproduirai à leur place logique les quelques passages de l'éloge officiel que je maintiens sans modifications dans le jugement historique.

CHAPITRE II

DANS L'HISTOIRE

X

M. Thiers avait un esprit alerte, souple, fin, étendu, d'une vaste curiosité, aisé à se retourner et à prendre toutes les formes, pétri de grâce et de charme, qui passait avec une aisance simple sans se lasser ni se contraindre d'une étude à l'autre, communiquait à tous les sujets la vie intense qui était en lui, se les assimilait au point qu'il semblait s'être exclusivement occupé de celui dont il parlait. Mais cet esprit manquait en élévation de ce qu'il avait en étendue; il apercevait beaucoup à ras de terre; à une certaine hauteur il ne voyait plus rien. Il était familier avec toutes les manifestations de l'intelligence humaine, sauf avec les spéculations synthétiques de la philosophie. Même dans le rayon moyen où il se mouvait, son aptitude à se répandre indifféremment sur tout ne lui laissait pas le loisir d'atteindre en rien à la profondeur, et son application à s'enquérir de ce que les autres avaient trouvé ne lui permettait pas de trouver lui-même. Il n'était qu'un miroir limpide et non une lumière. Il a méconnu tous les faits civilisateurs de notre temps, les chemins de fer (1), les télégraphes, la liberté des échanges; il n'a eu aucune des intuitions prophétiques qui ouvrent les lointaines perspectives de l'avenir. On ne lui devra ni une idée, ni une théorie, ni une observation féconde. En 1830, il imite les whigs anglais; en 1870, il copie le Lamartine de 1848 (2). Jusque par ses petits côtés, il est le copiste de quelqu'un. Ainsi, par exemple, il est peu de discours dans lesquels il ne parle de sa fatigue, de son épuisement, lui, le plus gaillard et le mieux dispos des mortels; c'est une réminiscence des pleurnicheries sentimentales de Necker (3). Seulement, comme il n'a jamais salué d'un mot reconnaissant le maître dont il profite et qu'il croit avoir inventé ce qu'il imite, le vulgaire inattentif lui en attribue l'honneur.

(1) Discours du 10 mai 1842 : « Je n'ai jamais partagé, pour mon compte, l'engouement qu'on exprimait, il y a quelques années, pour les chemins de fer... Je ne suis pas de ceux qui croient que les chemins de fer rendront en temps de guerre tous les services qu'on en attend..... Je ne sais pas si en France les ouvriers s'en serviront, mais je sais bien que les paysans ne s'en serviront pas beaucoup. » — Discours du 17 mars 1846 : « Je n'ai pas en général le goût des réformes. »

(2) V. *Le Conseiller du peuple. La politique de Lamartine*, avec la remarquable préface de M. Louis de Ronchaud. Hachette, 1879.

(3) « C'est assez d'user sa propre pensée pour guérir les maux de l'État; c'est assez d'aller en dépérissant, sous l'immense fardeau dont je suis continuellement chargé sans aucune distraction, etc., etc. » Necker, *passim*.

XI

Celui qui n'avait pas déjà entendu sa merveilleuse parole éprouvait d'abord quelque déception. Il ne possédait, en effet, aucun des prestiges extérieurs auxquels des orateurs célèbres ont dû une partie de leur succès ; il n'avait pas la tête d'aigle de Lamartine, ou le profil sculptural de Guizot, ou l'élégance simple de Montalembert, ou l'organe irrésistible de Berryer. Sa tête était pleine, disposée pour beaucoup recevoir et pour beaucoup garder, l'œil pétillant, d'une vivacité lumineuse, la lèvre ferme et malicieuse, la physionomie toute parlante et d'où sortaient sans cesse comme des étincelles d'esprit, mais de sa stature courte et sans noblesse il dépassait à peine le marbre de la tribune, sa voix criarde était impuissante aux accents solennels ou pathétiques. Ses développements étaient d'une longueur impatientante, semés de précautions oratoires impertinentes, abondants en répétitions et en redondances, de ce ton péremptoire qui vous plante les choses comme infaillibles et vous porte à les haïr ; les inspirations subites ne les traversaient jamais ; tout y était préparé, et avant d'être porté à la tribune avait été essayé sur les familiers fragments par fragments ; pas un seul de ces grands coups qui soulèvent l'auditeur et le rejettent sur lui-même haletant d'émotion ; une multitude de petits coups assénés avec dextérité et prestesse ; ni la dialectique colorée de de Serre, ni l'ampleur de Lamartine, ni l'élévation de Guizot, ni l'impétuosité réglée de Montalembert, ni les sublimes élans de Berryer. D'abord, c'était, plutôt qu'une action oratoire imposante, une causerie délicieuse qui donnait le plaisir de ce qu'il y a de plus sensé, de plus net, de plus vif, de plus attique dans le langage français; peu à peu les développements prenaient de l'ampleur, les répétitions diminuaient, la diction acquérait de la force, une passion communicative animait, portait, poussait les raisonnements, la voix devenait vibrante, le geste dominateur, et le causeur se transformait en un orateur entraînant qui subjuguait les assemblées.

XII

La valeur de l'historien dépasse encore cependant celle de l'orateur.

Dans ses compositions harmonieuses, les évènements se succèdent sans se heurter et se coordonnent sans se confondre. Chacun n'obtient que sa juste part, en étant aussi bien présenté que s'il était l'objet unique du livre; de l'un on passe à l'autre par des transitions si heureusement ménagées, quoique l'art en soit invisible, que l'intérêt, changeant sans cesse de nature, ne s'épuise pas. Les mouvements secrets ou contradictoires du cœur humain sont démêlés avec autant de sagacité que les manœuvres des armées ou que les combinaisons de la diplomatie, et l'étendue d'esprit qui saisit l'ensemble des faits et les embrasse d'un coup d'œil n'exclut pas l'analyse pénétrante qui en aperçoit les nuances les plus délicates. Le style précis, transparent, d'une justesse imperturbable, d'une souplesse prodigieuse, à l'occasion fort ou éloquent, d'un mouvement qui varie à tout instant d'allure sans se ralentir, négligé parfois mais jamais lourd, à défaut du relief des mots offre celui des choses; il ne reluit pas, il coule; il ne colore pas, il dessine; il n'est pas forgé péniblement, il s'échappe avec une intarissable aisance d'une intelligence toujours ouverte; il n'impose pas l'émotion par l'emportement concentré de quelques traits, il l'insinue par la force toujours agissante de la simplicité, de la vérité et de la vie. Tant il est vrai que l'expression naturelle d'une grande pensée fait toujours un grand écrivain!

Dans quel historien, par exemple, trouver un récit comparable à celui du séjour de Napoléon à Fontainebleau? Il ne fait aucune phrase où d'autres en auraient fait tant pour décrire l'isolement sans cesse croissant autour du grand homme, et c'est dans le style le plus nu qu'il note ce bruit de voiture, signal des dernières défections, de plus en plus rare dans la cour déserte. Et cependant l'émotion du lecteur est à son comble lorsque, empruntant une image, ce qui est rare dans son œuvre, il s'écrie : « Qui n'a vu souvent, à l'entrée de l'hiver, au milieu des campagnes déjà ravagées, un chêne puissant, étalant au loin ses rameaux sans verdure, et ayant à ses pieds les débris desséchés de sa riche végétation ! Tout autour règnent le froid et le silence, et, par intervalles, on entend à peine le bruit léger d'une feuille qui tombe. L'arbre immobile et fier n'a plus que quelques feuilles jaunies prêtes à se détacher comme les autres, mais il n'en domine pas moins la plaine de sa tête sublime et dépouillée. Ainsi Napoléon voyait disparaître une à une les fidélités qui l'avaient suivi à travers les innombrables vicissitudes de sa vie. »

Le don du justicier est le seul qui manque à l'historien. Sa philosophie se réduit à condamner le vaincu et à célébrer le vainqueur. Royer-Collard avait coutume de dire : « Guizot a le sentiment du juste et de l'injuste, mais il passe outre ; Thiers l'ignore. » — « Il ne reconnaît le tort, a dit Lamartine, que quand le tort est puni par le revers. Ses justices semblent s'exercer plutôt sur l'insuccès que sur l'immoralité des actes (1). » Après avoir tout accordé au Napoléon des années prospères, il n'excuse plus rien, sauf le génie militaire, dans le Napoléon des jours malheureux, et il déroule avec une impassibilité presque laudative le récit des cyniques abandons.

Du reste, tout jeune, à l'âge où l'on croit encore à quelque chose, il était arrivé d'un bond à l'extrême de la perversité politique ; son histoire de la crise révolutionnaire avait surpris déjà par le sans-façon d'un scepticisme précoce. A chaque instant on y rencontre des maximes comme celle-ci : « Il n'existe

(1) Entretien LXIV.

qu'un moyen de détruire les vieilles superstitions, c'est l'indifférence et la disette. En souffrant tous les cultes et en n'en salariant aucun, les gouvernements hâteraient singulièrement leur fin » (1). Ces défaillances ne sont, à la vérité, que la moindre partie de la composition immense de M. Thiers consacrée surtout au récit. Or l'art de raconter, au degré où il le possède, est plus que du talent, c'est du génie, et son nom restera, entre ceux de Thucydide, de Tite-Live, de Tacite, de Guicciardini, inséparable de la notion même de l'histoire.

XIII

Le renom d'homme d'État lui sera beaucoup plus contesté.

Dans tout homme politique il y a une méthode et des actes. La méthode est l'essentiel. En ce monde tout est au hasard et le succès suit aussi souvent la folie que la sagesse, ou, pour mieux dire, il n'y a de succès définitif pour personne. Le temps est un dominateur qui mesure la durée à nos œuvres comme il la mesure à nous-mêmes ; l'important est donc moins ce qu'on fait que la manière dont on le fait. Quelle était la méthode de M. Thiers ? Il ne croyait pas que la politique fût gouvernée par des règles inflexibles auxquelles on doit s'asservir : il la considérait comme déterminée par des circons-

(1) Livre.

tances auxquelles il est habile de s'adapter; il prisait peu les sectaires inconséquents qui, invoquant de prétendus principes, veulent introduire dans la portion la plus mobile de la science du relatif l'absolu qu'ils mettent leur ambition à exclure du domaine philosophique. Dans la conduite, il était inépuisable en ressources, adroit, possédant au plus haut degré cette heureuse flexibilité d'esprit qui est le don propre du politique; toujours éveillé, attentif, persévérant, fertile en manèges, prompt à trouver les tours par lesquels on pousse les hommes en leur donnant des lueurs de crainte ou d'espérance; persuadé qu'un homme de parti doit soutenir avec une sincérité apparente ce qu'il ne croit pas juste (1); sous l'écorce du bien public, plein de vues personnelles et de desseins intéressés; cherchant ce qui sert, non ce qui est bien; trop sûr de sa supériorité pour être envieux, trop sceptique pour avoir des préjugés, trop étranger aux délicatesses de la conscience pour avoir des scrupules; résolu de langage mais sans vaillance de cœur; ne s'avançant qu'à coup sur et par replis; peu enclin aux hardiesses intrépides qui exaltent ou fracassent un nom; sachant que la plupart, inattentifs, superficiels, sont conduits surtout par la force de l'affirmation, qu'on peut se tromper souvent pourvu qu'on s'affirme infaillible, professer successivement toutes les opinions pourvu qu'on se proclame immuable, que le meilleur moyen d'obtenir l'admiration des

(1) *Conversations with MM. Thiers, Guizot,* etc., by the late Nassau-William Senior. London, 1878.

autres est de se l'accorder d'abord à soi-même : on sourit, on raille, puis on finit par croire de vous ce que vous en avez dit. Dans les crises décisives il excitait, puis, au moment de l'action, il se dérobait; dès qu'il était sûr d'être dépassé, il devenait prudent; de cette manière il avait par ses amis les bénéfices de la violence, et par lui-même les profits de la modération. Dire qu'il était mauvais, ce serait faux; dire qu'il était bon, ce serait excessif; il était indifférent et, comme tous les hommes tournés au calcul, capable d'un vilain trait aussi bien que d'une bonne action, au gré de son intérêt présent. L'accuser d'avoir été un menteur serait injuste, et cependant on ne saurait le dire véridique. Y avait-il intérêt, il commençait par grossir le fait vrai; à force de répéter cette exagération, il se persuadait qu'elle était la vérité, et il la traitait en conséquence, c'est-à-dire il l'exagérait de nouveau. Il arrivait ainsi d'exagérations en exagérations à soutenir ce qui n'était pas vrai, sans avoir menti, don heureux qui n'a pas été le plus inutile de tous ceux prodigués à cette riche nature !

Un jour à l'Assemblée constituante il aborde mon père et lui dit : « Si j'étais votre ami Ledru-Rollin, je ferais un bien beau discours contre l'expédition romaine. — Que ne le faites-vous vous-même! répondit mon père surpris. — Moi, dit-il, je ne le puis; mais, si vous le voulez, je vous communiquerai mes idées et vous les rapporterez à votre ami. » Rendez-vous est pris dans la salle des conférences; et là il expose pour l'instruction de Ledru-

Rollin, qui en profita quelques jours après, tous les arguments contre une expédition dont, ailleurs, il se déclarait le partisan. En quittant mon père, il lui dit : « Notre longue conversation a pu paraître étrange à vos amis; s'ils vous interrogent, répondez-leur que nous nous occupions des affaires de Marseille. » — Sous la Législative, le succès de la loi du 31 mai contre le suffrage universel était douteux. « Il y a un moyen de l'assurer, dit M. Thiers. Déclarons que notre but est d'exclure non pas les classes pauvres, mais la vile multitude. Ces paroles mettront la Montagne hors d'elle-même; ses fureurs épouvanteront les hésitants du parti modéré, et la loi sera votée au milieu d'une tempête. Et qui donc, lui demanda-t-on, bravera la fureur des rouges en prononçant ce mot de vile multitude? — Je m'en charge, » répondit-il. Il n'y manqua pas. « Je comprends, s'écria-t-il, que des tyrans s'accommodent de la vile multitude, parce qu'ils la nourrissent, la châtient et la méprisent. Mais des républicains chérir la multitude et la défendre, ce sont de faux républicains, ce sont de mauvais républicains. Ce sont des républicains qui peuvent connaître toutes les profondeurs du socialisme, mais qui ne connaissent pas l'histoire. Voyez-la à ses premières pages, elle vous dira que cette misérable multitude a livré à tous les tyrans la liberté de toutes les républiques. C'est cette multitude qui, après avoir livré à César la liberté de Rome pour du pain et des cirques, égorgeait les empereurs; qui tantôt voulait du misérable Néron, et l'égorgeait quelque temps après par des caprices aussi changeants sous le despotisme qu'ils l'avaient été sous la république; qui prenait Galba et l'égorgeait quelques jours après; qui voulait le débauché Othon, qui prenait l'ignoble Vitellius, et qui, n'ayant plus le courage même des combats, livra Rome aux barbares. C'est cette vile multitude qui a livré aux Médicis la liberté de Florence; qui a, en Hollande, égorgé les Witt, qui étaient, comme vous le savez, les vrais amis de la liberté; c'est cette vile multitud equi a égorgé Bailly; qui, après avoir égorgé Bailly, a applaudi au supplice, qui n'était qu'un abominable assassinat, des Girondins; qui a applaudi ensuite au supplice mérité de Robespierre; qui applaudirait au vôtre, au nôtre; qui a accepté le despotisme du grand homme, qui la connaissait et savait la soumettre; qui a ensuite applaudi à sa chute et qui, en 1815, a mis une corde à sa statue pour la faire tomber dans la boue. (1) »

A cette apostrophe accueillie par les bravos enthousiastes de la majorité, la Montagne, hors d'elle-même, perdant toute dignité et tout sang-froid, répondit par des clameurs furieuses, et, comme le malin orateur l'avait prévu, la loi passa grâce à cette tempête (2). Voilà la méthode de l'homme saisie sur le vif.

Quiconque ne s'apprécie pas à sa juste valeur est incapable de produire une œuvre supérieure ou d'accomplir une action mémorable. Tant d'envieux

(1) 24 mai 1850.
(2) SENIOR, *Conversations.*

abasourdissent de leurs sottes critiques ceux qui sortent du pair que, s'ils se rapportaient sur eux-mêmes à l'opinion d'autrui, ils s'arrêteraient découragés au premier essai. Si Corneille après le *Cid* eût écouté les censeurs, il se fût arrêté et nous eussions perdu *Polyeucte* et *Cinna*. On ne saurait donc blâmer M. Thiers d'avoir eu le sentiment de ses forces, et la pétulance avec laquelle il le manifestait était moins choquante que l'orgueilleuse modestie sous laquelle d'autres le dissimulent. Par malheur, cette confiance légitime en lui-même n'avait pas tardé à tourner en véritable adoration ; il en était venu à une outrecuidance de présomption que rien ne déconcertait. « Gênes, disait-il à propos des fortifications de Paris, avait deux enceintes pendant son fameux siège. Mais j'y étais, répondit le maréchal Soult ; il n'y en avait qu'une (1). — Et moi, je vous affirme, répondit-il imperturbablement, qu'il y en avait deux. » Le maréchal tient bon : M. Thiers persiste, et le vieux soldat exaspéré lui lance en sortant un sobriquet resté longtemps célèbre.

En toute matière, il était de même. Il provoqua tout jeune, dans une conversation, la colère d'Ingres autant qu'il avait excité celle du maréchal Soult à la tribune. Il avait commencé à irriter le célèbre artiste en laissant entendre qu'il plaçait le baron Gérard au-dessus des maîtres italiens. Il en vint à soutenir avec suffisance que Raphaël n'avait fait que des vierges et que c'était son vrai titre de

(1) Discours du 21 janvier 1841.

gloire (1). Ingres alors ne se posséda plus : « Que des vierges! que des vierges! Mais je donnerais toutes ses vierges, oui, monsieur, toutes... pour un morceau de la *Dispute*, de l'*École d'Athènes*, du *Parnasse*..... Et les *Loges*, monsieur, et la *Farnésine*. » Il n'en dormit pas de la nuit. Le lendemain, il disait à son élève Amaury-Duval : « Vous l'avez entendu hier... Voilà les gens qui nous jugent... Sans avoir rien appris, rien vu, impudents et ignorants (2). »

Ses nombreuses erreurs sur les personnes tenaient à cette idolâtrie de lui-même. A l'exception de quelques privilégiés dont il respectait le prestige, tous les autres hommes dans leur néant étaient égaux devant son infaillibilité. Il ne les distinguait que par la nature de leurs sentiments à son égard. Pensait-on comme lui? on était un esprit distingué ; était-on d'un autre avis? on n'était qu'un imbécile. Et, à tout instant, on était exposé à monter ou à descendre d'une catégorie à l'autre.

En un autre point encore, sa pénétration lui a fait défaut. Homme d'esprit, il a trop cru à la puissance exclusive de l'esprit; homme d'expansion, il a trop dédaigné les taciturnes. Être sans esprit n'a nui à personne en politique, et plus d'un a tiré grand profit d'être réputé n'en avoir pas ; ne rien dire a toujours été dans certaines situations une force incalculable ; parfois cela vaut l'admiration universelle (3).

(1) Plus tard, il apprit que Raphaël avait d'autres titres.

(2) Amaury Duval, *l'Atelier d'Ingres*, IV.

(3) I popoli danno spesso più riputazione a chi la guadagna col non fare nulla e con lo star cheto, che a chi la ha meritata col sapere fare. Guicciardini, *del Reggim. di Firenze*, p. 58.

M. Thiers a contribué à l'élévation des deux taciturnes qui ont arrêté sa destinée. « Nous en ferons ce que nous voudrons », disait-il, en 1848, du prince Louis-Napoléon. « Il n'y a rien à redouter de lui », disait-il, en 1871, du vaincu heureux de Wœrth et de Sedan. Le premier l'a mis à Mazas ; le second lui a pris ce pouvoir après lequel il soupirait depuis trente ans.

XIV

Les actes de M. Thiers sont plus malaisés à caractériser que sa méthode. A n'examiner sa longue vie que superficiellement, déconcerté par tant de mouvements opposés et par tant de soubresauts, on serait parfois tenté d'adopter à titre de jugement définitif la boutade que j'ai recueillie un jour de la bouche de M. Cousin ; « J'ai connu deux hommes d'État ayant des desseins, Sébastiani et Casimir Périer. Guizot n'en a jamais eu ; Thiers en a eu cinq cents ; il est comme la terre, il tourne sans s'en apercevoir. » Sa seule unité serait dans le sans-façon avec lequel, tout entier à sa passion présente, et oubliant qu'il a aimé ailleurs, il célèbre son immuabilité en changeant sans cesse.

Cette vue ne serait pas exacte. Les hommes médiocres n'ont aucune peine à varier à tout propos ; il n'y a en eux rien de fatal qui les retienne. Cette mobilité est beaucoup plus difficile qu'on ne le suppose aux hommes supérieurs : ils sont tels parce qu'ils ont été doués, en naissant, par une disposition particulière, de tendances organiques qui sont la loi même de leur esprit, qui les poussent, quoi qu'ils en aient, du même côté, et à la domination desquelles, le voulussent-ils, ils ne sauraient se soustraire. Ils ne semblent versatiles qu'à l'observateur superficiel qui considère comme leur véritable pensée des opinions de passage dont ils ont fait des moyens.

N'exigez pas de M. Thiers la fixité de jugement sur la république ou sur la monarchie : comme Benjamin Constant, comme Lamartine, comme les esprits supérieurs de tous les temps, il croyait que ces formes, indifférentes en elles-mêmes, devenaient bonnes ou mauvaises suivant les circonstances. N'en attendez pas même une inébranlable constance à défendre la liberté ; il l'a beaucoup célébrée dans l'opposition, parce qu'avec ce mot magique on remue les masses ; mais il en a eu peu de souci au pouvoir, et nul n'a mieux que lui justifié le césarisme : « Les années épuisent les partis, mais il en faut beaucoup pour les épuiser. Les passions ne s'éteignent qu'avec les cœurs dans lesquels elles s'allumèrent. Il faut que toute une génération disparaisse ; alors il ne reste des prétentions des partis que les intérêts légitimes, et le temps peut opérer, outre ces intérêts, une conciliation naturelle et raisonnable. Mais, avant ce terme, les partis sont indomptables par la seule puissance de la raison. Le gouvernement qui veut leur parler le langage de la justice et des lois leur devient bientôt insupportable, et, plus il a été modéré, plus ils le méprisent comme faible et impuissant. Veut-il, quand il trouve des cœurs sourds à ses avis, employer la force? on le déclare tyrannique, on dit qu'à la faiblesse il joint la méchanceté. En attendant les effets du temps, il n'y a qu'un grand despotisme qui puisse dompter les partis irrités (1) ».

Sur deux vues fondamentales seulement il n'a jamais varié. La première, que la Révolution, purifiée des niaiseries emphatiques du jacobinisme et organisée par Napoléon, a été nécessaire et suffisante; que la supprimer est aussi impossible que la compléter; que retourner en arrière serait aussi insensé que s'avancer au delà. La seconde, qu'il avait été prédestiné à gouverner en chef la société née de cette révolution, et que tout régime politique qui ne lui ferait pas cette part était affecté d'une imperfection irrémédiable.

XV

Considérée de ce point de vue, sa carrière se déroule avec une rigoureuse unité. Il grandit sous une monarchie, sa naissance ne lui permettant pas d'aspirer au trône, il concède au monarque de régner pourvu que celui-ci lui permette de gouverner. Tant qu'il espère convaincre le prince de son choix, il n'épargne aucune dureté à la république; elle tourne au sang ou à l'imbécillité (2). Le roi Louis-Philippe

(1) *Révolution*, livre XLIII,

(2) Discours du 17 mars 1834 : « La république a été essayée « d'une manière concluante, suivant nous. On nous objecte tous

s'obstine à gouverner; alors il se fâche et commence à regarder la république d'un œil adouci. Cette évolution n'a été extérieurement visible qu'après 1870, et s'il avait disparu avant cette époque de la scène du monde, il eût été, dans le débat toujours ouvert entre la république et la monarchie constitutionnelle, une des autorités les plus imposantes invoquées en faveur de la monarchie constitutionnelle. En réalité, son adhésion intérieure à la république se sent dans les discours de l'adresse de 1848; après

« les jours : Ce n'est pas la république sanglante comme celle de « ces temps que nous voulons; nous la voulons paisible et modé« rée. Eh bien! on commet une erreur grave quand on dit que « l'expérience n'a pas porté sur deux points. Il y a eu une républi« que sanglante pendant un an; mais, pendant huit à neuf ans, « c'était une république qui avait l'intention d'être modérée, qui « a été essayée par des hommes honnêtes, capables. Sous le « Directoire, c'étaient des hommes comme Laréveillère-Lépaux, « Barthélemy, Rewbell, Sieyès, Carnot, hommes modérés, honnê« tes, capables, qui voulaient, non pas la république de sang, « mais la république paisible. La victoire n'a pas manqué à ces « hommes; ils ont eu les plus belles victoires : Rivoli, Castiglione « et mille autres! La paix ne leur a pas manqué non plus, car « Napoléon leur avait donné celle de Campo-Formio, la plus sûre et « la plus honorable. Cependant, en quelques années, le désordre « était partout; ces hommes d'État étaient honnêtes, et cepen« dant le Trésor était livré au pillage, personne n'obéissait; les « généraux les plus modestes, les plus probes, des généraux comme « Championnet et Joubert, refusaient d'obéir aux ordres du gou« vernement; c'était un mépris, un chaos universels. Il a fallu que « des généraux vinssent renverser ce gouvernement (passez-moi « l'expression) à coups de pied, et se mettre à leur place. Ainsi, « dans ces dix ans, il s'est fait en France une expérience concluante « sous les deux rapports. On a eu la république non-seulement « sanglante, mais la république clémente, qui voulait être modé« rée et qui n'est arrivée qu'au mépris, quoique, en majorité, les « hommes qui la dirigeaient fussent d'honnêtes gens. Aussi la « France en a horreur; quand on lui parle république, elle recule « épouvantée. Elle sait que ce gouvernement tourne au sang ou à « l'imbécillité. »

la révolution, il ne la dissimule plus. « Je ne suis point, écrit-il à un de ses vieux amis de Marseille, un émigré rêvant un passé impossible; j'accepte la république et ne veux d'aucune des trois restaurations possibles. Le temps des rois est passé, mais je veux la bonne république et non la mauvaise (1). » La bonne république lui semblait incompatible avec les républicains. Il les tenait en mince estime, les considérant comme vulgaires, ignorants, inexpérimentés et violents (2)! Il jugeait insensées les idées des plus modérés d'entre eux sur l'armée, sur l'impôt, sur l'organisation même de la république (3). Ceci le conduisit à l'axiome de sa seconde manière : « La bonne république est celle sans républicains. » En effet, ses discours de 1848 à 1851 sont dirigés contre les républicains et contre les idées démocratiques et sociales. Dans la guerre affolée qu'il fait alors, il se met derrière les jésuites, dont il avait demandé l'expulsion en 1845; « il nie que l'enseignement primaire doive être forcément et nécessairement à la portée du peuple; l'instruction est un commencement d'aisance, et l'aisance n'est pas réservée à tous. Il n'est pas désirable que l'enfant du paysan aille à l'école, car l'enfant qui a suivi l'école

(1) 22 mars 1848. Dans ce sens, discours du 13 septembre 1848.

(2) Lettre du 17 janvier 1871, reproduite avec fac-simile dans le *Courrier de la Vienne* : « Je suis impatient de voir cesser les incompatibilités des partis et l'union se rétablir en France, sauf les dissidences inévitables dans tous les pays libres. La république, en ne donnant à aucun parti le triomphe sur les autres, pourrait opérer ce miracle de pacification. Par malheur, la république fait toujours surgir un personnel déplorable, personnel vulgaire, ignorant, inexpérimenté et violent. »

(3) Discours de septembre 1872.

trop souvent ne veut plus tenir la charrue (1). » Mais, dans ces sorties contre le socialisme et contre les républicains, loin de poursuivre le renversement de la république elle-même, il la déclarait le gouvernement qui nous divise le moins et il pensait à en devenir le président.

Le Deux-Décembre emporta ce rêve et lui infligea un emprisonnement et un exil. Il n'y avait pas là de quoi le ramener à la royauté. Aussi, dès ce moment, n'a-t-il cessé de vivre dans l'état d'hostilité violente qui suit un mécompte d'ambition aggravé d'un outrage. Il n'a parfois encore parlé de monarchie constitutionnelle que pour donner plus de force à sa campagne de haine contre l'Empire. Jusqu'à lui, on ne connaissait que deux manières de renverser les gouvernements. Celle des modérés : s'écarter, attendre l'usure du temps et le contre-coup des circonstances. Celle des violents : assaillir sans répit, harceler jusqu'à la lassitude. Il en a inventé une plus efficace : renoncer à l'abstention comme à l'attaque ouverte, se ranger à l'ordre constitutionnel quel qu'il soit, en exploiter les côtés défectueux ; sous prétexte d'améliorer, critiquer et déconsidérer ; puis profiter d'une de ces défaillances inévitables dans la vie des gouvernements comme dans celle des individus, pour se découvrir et jeter le lacet au cou de l'ennemi. Il n'avait pas d'autre but en se déclarant constitutionnel sous l'Empire.

(1) Procès-verbaux de la Commission extraparlementaire chargée, sous le ministère de M. de Falloux, de préparer un projet de loi organique sur l'instruction publique. *Correspondant* du 10 mars 1879 et suivants.

XVI

Je ne m'étais pas encore rendu compte de sa tactique lorsqu'en 1863, je contribuai de toutes mes forces à sa nomination de député de Paris. Mes relations avec lui n'étaient pas anciennes. En 1848, étant préfet à Marseille, tandis que je soutenais la candidature de Berryer, j'avais combattu la sienne. Je n'avais pas tardé à reconnaître ma faute. Un peuple s'affaiblit en écartant certains hommes des assemblées où l'on discute ses affaires. Un orateur véritable est toujours une rareté : refuser la parole à l'un d'eux est un acte de vandalisme national. Néanmoins, en 1857, après mon discours contre la loi de sûreté générale, M. Thiers avait manifesté le désir de faire ma connaissance. La rencontre eut lieu à dîner chez la fille du général Hoche, Mme la comtesse des Roys, en compagnie de M. Mignet et de la princesse Belgiojoso. Depuis, je l'avais revu souvent chez lui le matin et j'avais été charmé, car on n'appréciait vraiment tout ce qu'il possédait de grâce, de vivacité, de souplesse, d'esprit, d'entrain, de séduction, de supériorité d'intelligence que lorsqu'on l'entendait dans ses conversations familières. Dès lors, quoique ne partageant pas un grand nombre de ses opinions, ne fût-ce que pour réparer mon hostilité de 1848, je n'eus qu'une idée, lui rendre la tribune. A cette époque, les élections étaient faites par les *Cinq* et par

MM. Havin, Guéroult et Émile de Girardin, directeurs des journaux le *Siècle*, l'*Opinion nationale*, *la Presse*, les trois journaux de l'opposition. M. Nefftzer, rédacteur en chef du *Temps*, s'était mis à l'écart par prudence. « Si nos journaux, avait-il dit, s'accordent à soutenir le même homme, le succès sera tel que le gouvernement furieux nous supprimera. Parmi les Cinq, M. Jules Favre, absorbé par sa vie d'avocat et par la préparation de ses harangues solennelles, comptait peu dans nos résolutions. M. Darimon avait peu de goût pour l'adversaire de son ami Proudhon. M. Picard, avec lequel je vivais alors dans une intimité de chaque instant, était plein de méfiance. MM. Havin et Guéroult, tout entiers à la croisade en faveur de l'unité italienne, ne déguisaient pas leur mauvais vouloir. Je commençai par triompher des dispositions contraires de M. Darimon et des hésitations de M. Picard; j'obtins avec facilité le concours de M. de Girardin, qui n'a jamais été porté aux exclusions envieuses; enfin, je neutralisai l'hostilité de MM. Havin et Guéroult en mettant comme prix à leur candidature la résignation à celle de M. Thiers. C'est ainsi que l'illustre orateur rentra au Corps législatif en 1863.

Un instant il faillit, par son esprit de ruse, rendre vains mes efforts. Il sentait bien que sans notre concours il ne pouvait rien, mais il voulait paraître ne nous rien devoir. Après quelques hésitations il s'était décidé, lorsque tout à coup il devint perplexe, agité. « Sa famille, me dit-il, s'opposait à sa rentrée dans la vie publique. Sa candidature serait une lutte de gouvernement à gouvernement. » Bref, il nous priait de publier notre liste en laissant en blanc la seconde circonscription. A la nouvelle de cette volte-face dont l'intention était trop évidente, M. Émile de Girardin s'emporte et déclare qu'il n'entend se poser en suppliant vis-à-vis de qui que ce soit, et il est décidé que la liste paraîtra avec le nom de M. Laboulaye au lieu de celui de M. Thiers. Celui-ci alors se ravise et vite il accepte. Mais il fût resté dehors, joué pour avoir voulu jouer les autres, si M. Laboulaye ne lui eût généreusement cédé sa place.

Ses déclarations constitutionnelles furent des plus explicites. Il me disait : « Je ne me présente pas comme orléaniste; je respecte ceux que j'ai servis, je ne serais pas fâché de leur retour, mais ce n'est pas pour amener cet évènement que j'entre à la Chambre. J'accepte la constitution; le gouvernement nous appelle à la discussion, j'arrive. Afin qu'il n'ait aucun doute sur nos intentions, nous assisterons à la séance d'ouverture et nous irons aux Tuileries le premier de l'an; il faudra nous pourvoir d'un uniforme. » — Il m'écrivait : « Mon cher monsieur Ollivier, A Besançon, l'élection de M. de Montalembert dépend de M. Oudet, avocat, membre du conseil municipal de Besançon. Une lettre de vous à M. Oudet pourrait avoir une grande influence. Je n'ai pas, et vous n'avez pas toutes les opinions de M. de Montalembert; *mais, comme il s'agit, dans le cercle tracé par la constitution actuelle d'obtenir tout ou partie de nos libertés, il me semble que l'unanimité peut régner entre nous*, et je vous demande de faire ce que vous pourrez pour M. de Montalembert. Recevez mes amitiés, actuellement déjà anciennes (27 mai 1863). »

La circulaire violente que M. de Persigny lança contre sa candidature, sans l'aveu de l'empereur, changea un instant ses bonnes dispositions. Ce jour-là, je le trouvai marchant à grands pas dans son cabinet, hors de lui. « O les coquins! Ils me le payeront en janvier. Je sais par où les prendre; je les écraserai. Nous serons vingt; il faut que nous nous placions les uns à côté des autres, à la gauche, à l'extrême gauche; vous me soutiendrez, n'est-ce pas? Oh! je suis délié envers eux; nous ne nous ferons pas faire d'uniforme! »

Le succès le calma, et il approuva ma résolution de répondre à celui qui, grand ou petit, tenterait de donner à notre opposition un caractère factieux. « Vous avez raison, me dit-il, il faut une opposition pour les fous et une pour les gens raisonnables. »

Il me pria d'aller choisir sa place, en mettant deux personnes entre nous, et il me témoigna les dispositions les plus conciliantes. « Je vous ferai des concessions, me dit-il; je n'attaquerai pas l'Italie, mais je défendrai le Pape. Je ne suis pas dévot; je suis philosophe, mais philosophe spiritualiste. Nous autres, nous suppléons avantageusement à la religion par la culture intellectuelle, nous pouvons lire le *Phédon* et Descartes; mais la religion est le seul moyen par lequel les idées morales puissent descendre dans le peuple de plus en plus avide de jouissances matérielles. Ensuite nous avons assez d'affaires sur les bras, nous autres libéraux, sans nous embarrasser encore de celle-là. Le denier de saint Pierre rend dix millions, dont cinq en France : quelle est l'idée assez forte pour susciter une pareille ferveur? Après la mort du général Foy, il a fallu trois ans pour réunir près d'un million, et sans Lafitte nous n'en serions pas venus à bout. D'ailleurs, vous êtes-vous rendu compte de ce que serait un Pape non contenu par le pouvoir temporel? Supposez un capucin fanatique dans une telle situation, il bouleverserait le monde! » Il m'engageait ensuite doucement à renoncer à une partie de mes anciennes idées, et, une fois que je parlai de démocratie, il m'interrompit : « Ne prononcez pas ce mot! »

Je fus récompensé de mon initiative le jour où j'entendis l'admirable discours sur les libertés nécessaires (1). Par malheur, M. Thiers ne se maintint pas longtemps à cette hauteur sereine. Tandis que dans ses discours il demandait la liberté et qu'il reconnaissait à la tribune les droits de la dynastie (2), il déclarait aux républicains que lui et ses amis étaient avec eux. « Faites seulement votre république, ajoutait-il, telle que nous puissions l'accepter sans nous

(1) Janvier 1864.

(2) « Quant au droit de la dynastie, il est indiscutable ; *aucun de nous ne songe à le discuter, parce qu'aucun de nous ne songe à le mettre en question.* Nous sommes gens de bon sens et de bonne foi. Le but que nous poursuivons, c'est le rétablissement de la liberté en France, ce but uniquement, et nous savons que toute révolution nouvelle serait pour la liberté un nouvel ajournement et une difficulté capitale de plus ; car ce qui rend en France la liberté si difficile, ce sont les nombreuses révolutions que nous avons traversées. » Discours du 26 février 1866.

déshonorer (1); » puis il exploitait avec art tous les évènements extérieurs ou intérieurs pour tourner le sentiment public à l'hostilité. Il me notifia ce changement d'attitude par un de ces traits qui lui étaient familiers : sans me rien dire il abandonna la place que je lui avais choisie et se glissa à un banc éloigné du mien.

XVII

La délivrance de l'Italie était une entreprise généreuse à laquelle nous avions aussi un véritable intérêt d'équilibre. « Achever l'affranchissement territorial de l'Italie était conforme assurément à la saine politique (2). » Mais on n'affranchit pas un peuple d'une servitude pour lui en imposer une autre. L'Italie délivrée avait voulu se constituer dans l'unité sous le sceptre de la maison de Savoie. Quoi qu'on pensât de ce dessein, il était moralement

(1) Extrait d'une conversation qui eut lieu en juin 1865 entre M. Thiers et M. Madier de Montjau, dans une visite que celui-ci fit à M. Thiers (reproduite par un journal de Valence) : « Monsieur Madier, nous n'avons pas, en politique, le même idéal, vous le savez. Le vôtre a toujours été la république. Le mien, c'est ce « beau » gouvernement anglais que Montesquieu louait il y a un siècle, que tant de grands hommes d'État ont admiré, où tous les pouvoirs sont si sagement équilibrés. Mais, je le reconnais, les folies des princes l'ont rendu et le rendent de plus en plus impossible. L'Europe est entraînée vers la démocratie, elle coule à pleins bords. *Je ne vois plus de gouvernement possible pour la France que celui de la république. Quelques-uns de mes plus sages amis et moi, nous sommes, d'ores et déjà, prêts à l'accepter.* Nous ne vous demandons, à vous et aux vôtres, — vous pouvez le leur dire, — que de la faire telle que nous puissions l'accepter sans nous déshonorer. »

(2) *Histoire du Consulat et de l'Empire*, t. VII, p. 674.

impossible de s'y opposer. La sécurité de la France et l'indépendance spirituelle de la papauté étaient les seuls intérêts que l'Empereur eût à sauvegarder et à tenir hors de l'atteinte ambitieuse des Italiens : il n'a pas manqué à ce double devoir (1). Néanmoins M. Thiers ne cessa de provoquer le soulèvement des inquiétudes religieuses et d'alarmer nos susceptibilités patriotiques en présentant l'unité italienne comme messagère de l'unité allemande. Il n'y avait, cependant, aucune connexité entre l'unité naturelle de l'Italie et la concentration artificielle de l'Allemagne sous la dictature prussienne. Un jour, il est vrai, un calcul politique dont Machiavel avait signalé déjà la fausseté (2) rendit réel un péril jusque-là imaginaire, créa, sans aucune nécessité française, uniquement pour procurer la Vénétie à l'Italie, une alliance entre la Prusse et le Piémont, que d'un mot notre gouvernement aurait empêché de se nouer et à laquelle il aurait dû s'opposer par la force, si on l'avait tentée en dehors de lui. M. Thiers fut sagement inspiré lorsque, dans un discours applaudi par l'assemblée presque entière, il s'opposa à cet asservissement de notre politique aux intérêts de l'Italie. Toutefois il se trompa sur l'issue de la guerre et il fut de ceux qui crurent au succès de l'Autriche. La grandeur de la Prusse sortit du champ de bataille de Sadowa.

L'Empereur s'efforça alors de faire bon visage à

(1) V. l'Église et l'État au *Concile du Vatican,* par Émile Ollivier, tome II page 452.

(2) *Dei discorsi,* lib. II. cap. XV et XXII. *Del Principe*. cap. XXI.

un fait irrévocable et de ne pas éveiller en France les susceptibilités et en Allemagne les alarmes. En même temps, il demanda aux députés du pays de mettre à sa disposition une force militaire imposante, à l'aide de laquelle, le cas échéant, il pût résister aux projets ambitieux que déguisait à peine la Prusse enflée de sa victoire et irritée de ce que notre médiation l'eût arrêtée aux portes de Vienne et lui eût arraché la Saxe. Que fit M. Thiers? Il refusa comme inutile l'armée de douze cent mille hommes réclamée par l'Empereur (1), et, tandis que

(1) « On dirait qu'il n'y a que la garde nationale pour défendre le pays, et que, la garde nationale mobile n'étant pas constituée, la France est découverte. Je vous le demande, à quoi vous servirait donc *cette admirable armée active* qui nous coûte 4 à 500 millions par an? Vous supposez donc qu'elle sera battue dès le premier choc, et que la France sera immédiatement découverte?... On vous présentait, l'autre jour, des chiffres de douze cent, de treize cent, de quinze cent mille hommes, comme étant ceux que les différentes puissances de l'Europe pouvaient mettre sur pied. Eh bien, ces chiffres-là *sont parfaitement chimériques!* La Prusse, selon M. le ministre d'État, nous présenterait treize cent mille hommes! Mais, je le demande, *où a-t-on jamais vu ces forces formidables?* Combien la Prusse a-t-elle porté d'hommes en Bohême, où était le théâtre décisif des évènements en 1866? Trois cent trente mille hommes environ. C'est que, messieurs, il ne faut pas se fier à cette fantasmagorie de chiffres qui sont étalés dans toute l'Europe aujourd'hui. Sans doute, il y a une funeste impulsion vers les armements exagérés; mais il ne faut pas, cependant, nous présenter comme réels des chiffres qui sont tout à fait chimériques. Et je le dis, parce qu'il *faut enfin rassurer notre pays.* Il ne faut pas que les paroles qui sont prononcées ici lui persuadent qu'il est dans des périls tellement effroyables..... Eh bien, quand nous voyons que l'armée que nous pourrions présenter à l'ennemi serait, dépôts déduits, n'oubliez pas cela! de cinq cent quarante mille hommes avec sept ans de service, de six cent mille avec huit ans, et de six cent quatre-vingt mille avec neuf ans, je dis que la France aurait le temps de respirer derrière *une aussi puissante armée*, et j'ai la confiance, moi, que cette armée donnerait le temps à la garde nationale mobile de s'organiser. Et maintenant est-ce que

d'autres de ses collègues s'efforçaient de pacifier les cœurs, il ne cessait de les troubler en se lamentant plusieurs fois par session sur la perte de la grandeur nationale. Cette lamentation était d'autant plus poignante qu'elle était toujours accompagnée de l'exaltation de l'armée française. A l'entendre, rien n'était au-dessus de ses forces (1). Le 30 juin 1870, il disait encore : « Grâce aux armements du maréchal Niel, nous sommes forts, nous sommes imposants (2). »

XVIII

Ces discours étaient une excitation permanente à la guerre. On ne répète pas à tout propos à un peuple qu'il vient d'être abaissé et, en même temps, qu'il

c'est donc une chose si difficile que d'organiser la garde nationale mobile? Mais *vous vous défiez beaucoup trop de votre pays,* beaucoup plus qu'il ne le faudrait. Le principe sur lequel ont été basées les lois de 1831 et de 1851 a été celui-ci : c'est que, au moment de la guerre, grâce à la nature de notre pays, il s'allume sur-le-champ une vive ardeur dans tous les cœurs, ardeur que j'ai trouvée en 1840, quand la guerre était infiniment peu probable, et je suis convaincu que, en se servant de cette disposition sans l'avoir fatiguée d'avance par des exercices puérils et inutiles, vous trouveriez un zèle dont vous pourriez tirer grand parti. Je dis que c'est se défier étrangement de notre pays que de raisonner comme vous le faites. » (Thiers, 31 décembre 1867, Loi militaire.)

(1) 10 déc. 1867, *interruption dans un discours de M. Guéroult.*

(2) « Savez-vous pourquoi la paix a été maintenue? *Parce que vous êtes forts...* Lors de l'affaire du Luxembourg la France n'était pas dans l'état où elle doit être pour être respectée. Ce qui l'y a replacée, ce sont les armements dus au maréchal Niel, avec lequel on peut différer sous le rapport du système d'organisation militaire, mais avec lequel on ne peut que se trouver d'accord sur l'ardeur qu'il a mise à précipiter nos armements... Si donc vous voulez la paix, croyez-moi, *restez forts.* »

possède une armée d'une vaillance irrésistible, sans lui donner et surtout sans donner à cette armée qu'on exalte le désir passionné de relever le drapeau humilié et la patrie amoindrie. Et toutefois, malgré la contradiction évidente, il concluait ses harangues belliqueuses par des conseils de paix. Exciter les susceptibilités du sentiment national et empêcher qu'on leur donnât satisfaction, tel était son jeu. Se rappelant combien l'humiliation de 1840 avait contribué à la chute de Louis-Philippe, il voulait, après 1866 et le Luxembourg, un empire avili mais résigné, parce qu'il n'ignorait pas où conduisent ces résignations.

Je relevai les inconséquences de cette conduite : « Vous acclamez en toute occasion la paix, m'écriai-je alors à la tribune ; en toute occasion vous l'affirmez ; en toute occasion vous formez des vœux pour son maintien et, en réalité, vous votez tous les jours la guerre. Chaque fois qu'un orateur se lève dans cette assemblée pour vous démontrer qu'après tout, les évènements accomplis en Allemagne ne sont ni menaçants ni humiliants pour nous, vous couvrez sa voix de murmures ; au contraire, dès qu'un orateur affirme que la victoire de Sadowa est pour la France une espèce de défaite, un affaiblissement, une diminution de prestige, vous applaudissez..... Eh bien! dans un pays tel que celui-ci, fier, susceptible, sensible au point d'honneur, il est impossible qu'à la tribune, dans la presse, on pense, on soutienne, on répète tous les jours, sous toutes les formes, dans toutes les occasions, que nous sommes amoindris, compromis, abaissés... sans qu'une véritable émotion ne se manifeste ; il est impossible que lorsque celui qui préside au gouvernement s'appelle Napoléon, quels que soient ses sentiments d'humanité, quels que soient sa compréhension, son désir de maintenir la paix, il est impossible qu'il résiste longtemps, qu'il résiste toujours à une pression aussi constante, aussi répétée, aussi impérieuse. — Il faut donc que cette Chambre, que cette nation, non seulement se résignent à ce qui s'est accompli, mais qu'elles l'acceptent sans arrière-pensée, ou bien qu'elles envisagent d'une manière virile la nécessité, tôt ou tard inévitable, d'une guerre sérieuse, d'une guerre terrible avec l'Allemagne. Vous me contredirez, vous affirmerez que vous voulez la paix, cela ne changera pas ma conviction. Vous avez beau vouloir la paix, si vous ne changez pas votre politique actuelle, la guerre vous saisira malgré vous, et je ne vois d'autre issue à tout ce qui se passe que le champ de bataille (1). »

XIX

Le Dix-neuf Janvier avait surpris et déconcerté M. Thiers. Peu de jours auparavant, il était venu voir M. Walewski, président de la chambre, avec lequel il avait toujours conservé des relations cordiales, pour lui déclarer que, s'il l'arrêtait dans un grand discours qu'il comptait prononcer lors de la discus-

(1) Discours du 23 décembre 1867.

sion de l'adresse, il ferait appel à la France. « Il était, me dit M. Walewski en me racontant cette entrevue, d'une infatuation inexprimable. « La France, lui avait-il dit, n'est pas avec l'Empereur, elle est avec moi ; jamais je n'ai reçu plus de satisfactions d'amour-propre que depuis trois ans ; on m'écrit de tous les coins du pays. — Mais, objecta M. Walewski avec la fermeté de son rare jugement, qui êtes-vous ? Êtes-vous la dynastie d'Orléans ? — Non, répondit-il, vous savez bien que je suis l'homme le moins dynastique qu'il y ait ; je représente l'instinct national, le bon-sens. » Alors M. Walewski, le fixant bien, lui dit : « Et que diriez-vous si l'Empereur accordait des réformes libérales ? — Avant la session ? » dit-il en se levant dans un trouble visible ; puis, se calmant un peu : « C'est impossible, et, d'ailleurs, c'est trop tard. » Il avait laissé échapper sa pensée dans un premier moment de surprise ; les hommes les plus habitués à composer leur visage ont de ces oublis. Richelieu se mit à danser devant le messager qui lui apporta sa promotion de cardinal. A la réflexion, M. Thiers comprit l'imprudence de ce langage si peu d'accord avec ses déclarations constitutionnelles ; il vint revoir le lendemain M. Walewski : « Après tout, lui dit-il, si ce que vous annoncez se réalise, je ne vous créerai pas de difficultés. »

J'allai lui conter le détail de ce qui s'était passé entre l'Empereur et moi, afin de le disposer par cette marque de déférence à appuyer les arrangements nouveaux.

J'étais autorisé à compter sur le succès de cette

confidence. Le 27 mars 1865, j'avais dit : « Mon parti est pris : le jour où le souverain entrera dans la voie libérale au point de vue politique avec autant de décision qu'il y est entré au point de vue social, je serai favorable. Car, je n'hésite pas à le déclarer hautement, dès aujourd'hui mon vœu le plus sincère, mon vœu le plus ardent, c'est que le gouvernement de l'Empereur se consolide par la liberté. J'ai cru pendant un temps que la forme du gouvernement importait au plus haut point, et qu'elle primait toutes les autres questions. C'était une erreur. Le meilleur gouvernement est celui qui existe dès que la nation l'a accepté. La raison profonde qui m'a entraîné si résolument dans ce sentiment, c'est que, lorsqu'on subordonne le progrès à une forme de gouvernement déterminée qui n'existe pas, fût-on l'esprit le plus modéré, on est obligé d'avoir recours aux moyens révolutionnaires. Et par les moyens révolutionnaires je n'entends pas seulement les séditions et les violences auxquelles certains esprits ne se décident jamais; j'entends aussi le dénigrement, l'exagération des griefs et l'amoindrissement des réparations, la critique pour déconsidérer et non pour redresser, et toutes ces mille manœuvres subalternes à l'usage de ceux qu'animent des hostilités implacables. » A la suite de ce discours, M. Thiers m'avait chaudement félicité. « Vous venez de rendre, m'avait-il dit, un grand service à votre pays. Qui sait? vous les entraînerez peut-être, et alors je serai avec vous. » J'avais rempli ma promesse en répondant à l'appel de l'Empereur : je venais lui demander de remplir la sienne en m'appuyant.

Il me reçut très familièrement dans sa chambre à coucher, pendant qu'il se faisait la barbe (1); il m'écouta avec attention; mais comme il évitait de se prononcer, s'étendant outre mesure sur les inconvénients de la suppression de l'adresse, je le ramenai au sujet et lui dis : « Est-ce qu'à ma place vous n'auriez pas agi comme je l'ai fait? » Il n'osa pas répondre non. Comment l'aurait-il pu après les assurances que je viens de rapporter? Il ajouta aussitôt : « Pour moi, c'est différent, je me réserve, car nous sommes à la veille d'évènements graves. » Et comme quelque surprise perçait sur mon visage, il ajouta : « En politique ce n'est pas comme à la guerre. A la guerre on ne peut faire de grandes choses que jeune; en politique c'est tout différent. »

Le rétablissement de la tribune fut au nombre des changements qui s'opérèrent alors. Depuis 1851, elle avait été détruite et remplacée par le banc des commissaires du gouvernement, et chaque orateur parlait de sa place. Cet arrangement avait paru très commode à M. Thiers qui, au lieu de se fatiguer en restant debout, avait pris l'habitude de s'asseoir pendant qu'il parlait sur le banc placé derrière lui.

(1) D'après Henri Heine, c'était le bon moment. « Les paroles de M. Thiers coulent sans cesse, comme le vin d'un tonneau dont on aurait laissé le robinet ouvert, mais le vin qu'il donne est toujours exquis. Quand M. Thiers parle, aucun homme ne peut placer un mot, et c'est tout au plus, comme on m'a dit, pendant qu'il fait sa barbe qu'on peut espérer trouver chez lui une oreille attentive.» *Lutèce*, I.

Quand il apprit qu'on lui retirait cette commodité, il entra dans une exaspération aussi violente que s'il s'agissait du salut de la France, et il écrivit lettres sur lettres à M. Walewski, protestant contre ce changement agréable à l'opinion, qui lui était personnellement désagréable. M. Walewski ayant persisté, il se rabattit à ce que la tribune fût adaptée à son usage particulier; avec l'assentiment de l'excellent président, il la fit refaire plusieurs fois jusqu'à ce qu'elle fût à la portée de sa petite stature : elle ne pouvait servir de rien aux hommes de taille ordinaire, elle leur arrivait à mi-corps. De pareils traits peignent un caractère.

XX

La déception qui suivit le Dix-neuf Janvier lui rendit toute sa confiance. Dès 1868, il disait dans la salle des Conférences à un groupe de députés, en montrant du doigt la statue de l'Empereur : « Vous voyez cette statue, eh bien ! elle disparaîtra, et à la place nous verrons une tête grecque avec cette inscription autour : République française. » « Il faudra peut-être, me dit-il encore dans ce temps-là du ton dégagé d'un homme qui a pris son parti, passer par l'impôt progressif. » Dans sa pensée, la catastrophe, qu'il prévoyait et qu'il appelait, devait sortir des difficultés que le régime parlementaire créerait au gouvernement et des facilités qu'il donnerait à ses ennemis. L'Empereur, d'humiliations en humiliations, serait acculé au point où le plus patient se révolte, et, son système ancien détruit, son système nouveau se retournant contre lui, comme Charles X, sous d'incessantes provocations, il se précipiterait dans un coup d'État où il disparaîtrait avec sa dynastie. « Quel effet, lui demandait en octobre 1869 une de ses confidentes, produira le régime libéral sur les destinées de l'empire? — Il accélérera sa chute, » répondit-il. Aussi mit-il une véritable passion à nous pousser au ministère. « On n'est pas déshonoré, disait-il sans cesse, pour avoir été le ministère Martignac. » Sa pensée était transparente; à travers le masque, on apercevait à plein le dessein. Dans l'impatience de voir surgir Polignac, il appelait son avant-coureur Martignac.

Quoique je n'eusse pas la moindre envie de recommencer Martignac, et que bien autre fût ma visée, nos relations pendant cette période furent des plus cordiales; parmi mes lettres de cette époque, j'en trouve une de lui qui le marque bien. Je lui avais écrit à la mort de madame Dosne; il me répondit de Bagnères : « Mon cher collègue, je vous remercie de vous être détourné un instant de vos légitimes préoccupations pour donner un témoignage de sympathie à ma douleur. Cette douleur est grande comme le coup qui vient de me frapper. Madame Thiers, sa sœur et moi, en sommes atterrés. Je n'ai pas la force de vous en dire davantage, et je vous souhaite le bonheur qu'on peut se promettre à votre âge, mais qu'on ne peut plus espérer au mien. Croyez à mes sentiments les plus affectueux. » (17 septembre 1869.)

Antérieurement, lors de l'interpellation des 116, afin de causer avec moi plus à l'aise, il me conduisit à son jardin de Passy, rue des Belles-Feuilles (9 juillet 1869). Au milieu d'un vaste terrain orné de fleurs, il avait fait élever un petit pavillon de repos. Nous nous promenâmes longtemps, revenant souvent sur les mêmes idées, presque dans les mêmes termes, selon son procédé. Il me dit en substance : « La responsabilité ministérielle ne peut être qu'une pratique : aussi je considère qu'il n'y aura rien de fait sans un changement de personnes. Vous ne pouvez le dire, vous; moi, je le dirai. Comment faire ce changement? Le maréchal Niel devrait être nommé président du conseil; je le connais : c'est un homme d'esprit, et il ne veut pas la guerre. Rigault devrait être conservé aussi à la marine. Il ne faudrait pas renvoyer La Valette des affaires étrangères : il a du bon sens, il veut la paix, il a des attaches à la cour, de l'influence dans les journaux et il inspire confiance aux hommes d'affaires. Vous à la justice, ce serait très bien. A l'intérieur, le mieux serait Picard; à défaut, Buffet ou Talhouët. Aux finances, on pourrait garder Magne ou mettre, soit Talhouët, soit Buffet. Il faudrait séparer les cultes de la justice et les donner à Keller. A l'instruction publique, il serait urgent de renvoyer Duruy. On le remplacerait par Segris ou Maurice Richard. Ces deux mesures feraient plaisir aux catholiques. Aux travaux publics, on pourrait placer, soit Segris, soit Talhouët, soit Maurice Richard. Seulement, sans changer la philosophie de vos idées libre-échangistes, puisque ce sont les vôtres, il serait bon de donner satisfaction aux protectionnistes en modifiant quelques tarifs. Enfin, Jules Favre pourrait être désigné comme président de la Chambre. Oh! alors, ce serait parfait. Je suis à votre disposition pour faciliter ces arrangements de personnes. En ce qui me concerne, je vous serai favorable; déjà deux fois j'ai empêché la gauche de gêner votre interpellation. Je ne vous soutiendrai pas en parlant, si ce n'est lorsqu'on s'en prendra à l'impôt ou à l'armée; mais je désarmerai et je garderai le silence. »

XXI

Le ministère du 2 janvier se constitua selon ses désirs. Or il se trouva qu'au lieu d'achever l'Empire aux abois, la liberté le releva, lui donna une vigueur nouvelle et lui permit de traverser des épreuves comme celles du meurtre de Victor Noir, qui, sans ce rajeunissement, l'eussent emporté. D'autre part, les ministres, tout en se montrant pleins de respect envers M. Thiers, se refusèrent à devenir les instruments de ses pensées de derrière; et à sa vanterie : « Mes opinions sont assises sur ces bancs », je répondis fièrement en leur nom : « Nous sollicitons et nous acceptons le concours de tous, mais nous n'acceptons la protection de personne (1). » Cela le refroidit sans l'éloigner pour-

(1) 28 janvier.

tant. Il accueillit avec bienveillance ma candidature à l'Académie. A la lettre par laquelle je la lui annonçais, il répondit : « Mon cher ministre, vous me trouverez toujours résolu à soutenir le ministère tant qu'il sera dans les voies libérales dans lesquelles il s'est engagé, et, pour ce qui concerne votre personne, toujours bien amical. Quant à l'Académie, personne ne vous y verra plus volontiers que moi. Je ne m'en occupe jamais ; hier au soir, pourtant, j'ai vu par hasard deux académiciens, qui m'ont parlé de la situation. Attendez-moi à cinq heures et je vous la ferai connaître. Tout à vous. » (13 mars.)

Vint le plébiscite. Il essaya de me gagner à l'idée qu'il avait suggérée à MM. Daru et Buffet de se résigner au plébiscite actuel, et d'exiger comme garantie que les plébiscites futurs fussent soumis au préalable à l'assentiment des chambres : « Mon cher collègue, j'ai assisté hier à la réunion du centre gauche (où je ne vais que très accidentellement) parce que je n'ai pu résister aux pressantes invitations qui m'ont été adressées. J'ai trouvé toutes les opinions faites ; je n'ai parlé, d'ailleurs, que le dernier, et exclusivement sur le plébiscite qu'on dit prochain. On a formé une commission pour vous faire part de ce qui s'était passé, et j'ai refusé d'en faire partie par un sentiment de réserve envers le ministère que vous comprendrez. Mais je suis à votre disposition pour vous dire, de mon côté, l'état vrai des choses. Je me borne à vous l'offrir, car je ne suis pas, vous le savez, *donneur de conseils*. Je n'ai parlé qu'à vous de vos affaires, qui sont aussi les nôtres, je ne vous ai parlé que d'une seule, celle de Rome, qu'un hasard de conversation avait fait naître entre nous. Ne voyez donc, dans ce que je vous écris, que ce qui s'y trouve, une démarche de loyauté et non d'ingérence. J'ai désiré, je désire et ne cesserai de désirer le maintien du ministère. Recevez mes cordiales amitiés. » (2 avril.)

J'écoutai avec empressement ses conseils, sans pouvoir les suivre. Aussi, quelques jours après, à l'Académie (7 avril), au dernier moment, il hésita à me donner son vote et celui de ses amis. Il vint cependant à la Chambre m'annoncer aussitôt ma nomination. « J'ai agi sur neuf personnes, me raconta-t-il. J'ai promis que je vous dirais une malice : en votant pour vous, nous n'avons pas voulu manquer à notre parole. » Quelques jours après, il eût certainement voté contre. A l'égard du plébiscite, il n'hésita pas. La question ne fut pas posée alors entre la paix et la guerre, comme l'ont dit ceux qui font de l'histoire une fausse monnaie qu'ils jettent au peuple pour le capter (1), elle se débattit entre la liberté et la révolution. Toutefois il le combattit de son mieux dans la crainte que

(1) Émile de Girardin (*France* du 17 mai 1875) : « C'est *faussement* et *mensongèrement* que l'on a prétendu après le 4 septembre 1870 qu'il (le plébiscite) avait posé la question du maintien de la paix ; *il n'a jamais posé que la grave question de l'extension de la liberté.* »

Laboulaye (*Lettres politiques*, 1872) : « On n'a pas oublié avec quelle vivacité on a combattu le plébiscite de 1870. Ses adversaires sont aujourd'hui les maîtres de l'opinion. A les en croire, le plébiscite serait la cause des désastres qui nous ont accablés. Selon moi, le plébiscite est aussi innocent de la guerre de 1870 que de la révolution du 4 septembre.

l'Empire ne reprît l'assiette solide qu'il paraissait avoir perdue.

Le résultat du vote lui prouva que la France était avec l'Empereur plus qu'avec lui. Cela le ramena en apparence. Il m'assura que sa campagne contre le plébiscite n'avait pas détruit ses bons sentiments envers le ministère, et il consentit à s'entretenir avec le maréchal Lebœuf de la question du contingent. En réalité, il ne cessa pas de nous être défavorable. Il attendait l'occasion de retirer son appui à des hommes dont la conduite loyale et résolue n'avait pas répondu à ses secrètes espérances. Mais voilà que tout à coup surgit dans l'Europe tranquille la fatale candidature Hohenzollern.

XXII

L'Empire ne s'est pas jeté, comme l'ont dit les Prussiens et leurs avocats parmi nous, sur cet incident pour en faire sortir une guerre qu'il désirait. Est-ce lui qui avait suscité cette candidature? S'il avait voulu la guerre, aurait-il attendu un prétexte qu'on aurait pu ne pas lui fournir? N'aurait-il pas suffi de réclamer l'exécution toujours différée du traité de Prague? Le premier et le dernier acte, celui qui a ouvert l'incident comme celui qui l'a clos tragiquement, n'étaient-ils pas deux provocations manifestes auxquelles nous n'avons eu aucune part? N'était-ce pas une provocation que ce complot dirigé à mettre derrière les Pyrénées un lieutenant de la Prusse, avec mission à l'heure de l'attaque méditée sur l'Alsace de jeter une armée sur nos talons, comme en 1866 l'Italie avait été chargée d'en attacher une aux flancs de l'Autriche assaillie en Bohême. N'était-ce pas une provocation que cette nouvelle vraie ou fausse, notifiée officiellement par le gouvernement prussien, *non à quelques agents de l'Allemagne à titre d'information*, mais *à tous les gouvernements étrangers*, affichée sur les murs des villes, jetée dans les journaux, dans les rues, dans les chancelleries, dans l'Europe entière : « Que le roi avait refusé de recevoir de nouveau notre ambassadeur, et lui avait fait savoir par l'aide de camp de service qu'il n'avait rien à lui communiquer (1). » Qu'on reproche aux ministres de s'être montrés des négociateurs mal habiles ou trop exigeants, je le conçois sans l'admettre. Qu'on leur reproche d'avoir sciemment provoqué, par servilité à une fantaisie dynastique, une guerre sans motifs, c'est une des plus impudentes inventions de la sottise ou de la déloyauté.

A la nouvelle de cette candidature de guerre, le

(1) Il ne peut plus y avoir de doute sur le caractère de cette dépêche télégraphique depuis que le gouvernement anglais en a publié le texte, conforme à celui que j'ai lu à la tribune, avec cet intitulé : *Telegram addressed by the Prussian Government to foreign Governments.* — Voici ce qu'on lit dans le *Moniteur royal prussien*, 13 juillet : « Le comte Benedetti aborde le roi sur la promenade d'Ems, en lui demandant d'approuver la renonciation du prince de Hohenzollern et de donner l'assurance qu'à l'avenir cette candidature ne se reproduirait plus. Le roi rejette péremptoirement cette demande *et refuse ensuite de donner audience au comte Benedetti.* » Chronique de la guerre franco-allemande d'après le *Moniteur prussien.* Berlin, 1870, R. de Decker.

gouvernement français, avant de faire un éclat, essaya de négocier. L'astuce des négociateurs de la machination lui refusa les entretiens à voix basse de la diplomatie (1) : il fut contraint, sous peine de devenir une dupe ridicule, de s'expliquer publiquement à la tribune. Personne, absolument personne ne soutint alors que la France, le mauvais procédé mis à part, dût tolérer l'installation au delà des Pyrénées d'un des lieutenants de la Prusse. M. Thiers, dans la fameuse séance du 15 juillet, ne fut pas d'un autre avis. Quoique interrompu parfois avec vivacité par des hommes dont il froissait les légitimes susceptibilités, il ne fut ni insulté ni arrêté. Le gouvernement lui répondit avec déférence et il put aller jusqu'au bout de sa pensée (2). « Sans

(1) Le chargé d'affaires de France à Berlin au ministre des affaires étrangères : « Berlin, le 4 juillet 1878. Visiblement embarrassé, M. de Thile (représentant aux affaires étrangères de M. de Bismarck absent) m'a dit que le gouvernement prussien ignorait absolument cette affaire et qu'elle n'existait pas pour lui. » — La chronique du *Moniteur royal prussien* confirme cette information de notre chargé d'affaires : « 4 juillet. Le chargé d'affaires de France à Berlin se présente à l'office des affaires étrangères pour faire connaître l'impression pénible que la candidature au trône d'Espagne acceptée par le prince Léopold Hohenzollern a causée à Paris. Le sous-secrétaire d'Etat répond au représentant français *que cette affaire n'existe pas pour le gouvernement prussien et que celui-ci n'est pas en position de donner des éclaircissements sur les négociations à ce sujet.* »

(2) La légende du mensonge a fait de cette séance du 15 juillet une véritable scène de mélodrame. Il suffit de se reporter au *Journal officiel* pour en rabattre. Du reste, M. Thiers, président de la République, s'est chargé lui-même de justifier les interruptions patriotiques qui, à certains moments, l'arrêtèrent. On discutait à l'Assemblée de Versailles, non la paix ou la guerre, mais l'interprétation d'un traité de commerce. Un député libre-échangiste, M. Johnston, avait émis un avis dont l'Angleterre aurait pu se prévaloir. M. Thiers s'indigna et s'écria : « Ce n'est pas à nous de

aucun doute, dit-il, la Prusse s'est mise *gravement dans son tort,* TRÈS GRAVEMENT. Depuis longtemps, en effet, elle nous disait qu'elle ne s'occupait que des affaires de l'Allemagne, de la destinée de la patrie allemande, et nous l'avons trouvée tout à coup sur les Pyrénées, préparant une candidature que la France pouvait ou devait regarder COMME UNE OFFENSE A SA DIGNITÉ ET UNE ENTREPRISE CONTRE SES INTÉRÊTS. » En parlant ainsi, il était fidèle aux opinions de toute sa vie sur les relations qui doivent exister entre la France et l'Espagne (1). Il ajouta seulement que cette candidature avait été retirée par la Prusse : « M. le garde des sceaux nous a dit que nous ne pouvions pas souffrir ce que la Prusse avait entrepris en Espagne. Il a cent fois raison si la question

fournir des arguments à la diplomatie étrangère, nous ne sommes pas chargés de ce soin. Maintenant se ravisera-t-elle? (Oh! oh! rumeurs.) Verra-t-elle que vous comprenez le traité dans un sens différent? (Murmures.) Lui aurez-vous donné des idées? Je n'en sais rien. (Nouveaux murmures et exclamations.)... Il faut songer aux conséquences des raisonnements que l'on fait ici... On a le droit assurément d'attaquer un projet de loi qu'on croit funeste, il n'y a rien de plus respectable; mais, quand on discute ici, et que l'étranger nous écoute, il faut prendre garde aux arguments qu'on emploie. » (Très bien! très bien.)

(1) Discours du 4 février 1847 : « A mon avis, le premier intérêt de la France, c'est d'être avec l'Espagne dans des rapports tels qu'elle ait la confiance, la certitude de n'y pas trouver une ennemie. Vous savez tous que, si la France, lorsqu'elle se bat sur le Rhin, est obligée de se battre aussi sur les Pyrénées, elle est dans la position d'une armée prise entre deux feux. Je n'en citerai qu'un exemple, c'est celui de Napoléon en 1814 : si, lorsqu'il se battait dans les plaines de la Champagne avec une poignée d'hommes, il avait eu auprès de lui l'armée que commandait si glorieusement M. le maréchal Soult et l'armée du maréchal Suchet, assurément, avec ces deux armées et la sienne, il eût repoussé la coalition. Il faut donc établir comme un principe de notre politique qu'il nous faut à Madrid une politique amie. »

était là, je ne laisserais à personne le soin de venir défendre ici la politique séculaire de la France. Sans prétendre gêner la liberté des Espagnols, nous ne pouvons pas souffrir qu'au-delà des Pyrénées on nous prépare une hostilité ouverte ou cachée; non, nous ne le pouvons pas. Si nous en étions à obtenir l'abandon de la candidature du prince de Hohenzollern, je serais avec vous de toutes mes forces; ma voix fatiguée se joindrait à la vôtre (1) ». Mais, ajouta-t-il, la Prusse venait d'être obligée, à la face du monde, de retirer une candidature qui évidemment avait été présentée par elle... Et toutes ses attaques reposèrent sur cette affirmation erronée.

Rendons justice à nos ennemis. Il y avait, à Berlin, un gouvernement sérieux qui ne s'était pas engagé dans cette affaire sans savoir où elle devait le conduire. La Prusse n'a jamais contribué au retrait de la candidature Hohenzollern. Cette candidature périlleuse et offensante, préparée par elle, comme l'a dit M. Thiers, fut retirée A SON INSU ET MALGRÉ ELLE, PAR L'ACTION PERSONNELLE DE L'EMPEREUR. Ailleurs je raconterai comment. Dès maintenant, le fait est hors de doute : « J'ai informé le roi, nous écrivait d'Ems, le 13, M. le comte de Benedetti, de la communication qui vous a été faite par M. Olo-

(1) Tout le monde en France pensait de même. En voici une preuve. M. Doudan qui reflète l'opinion d'un groupe important, parle avec malveillance dans une de ses lettres (10 juillet 1870) des négociations de 1870 qu'il ne connaissait pas. Cependant, comme M. Thiers, il s'associe au cri universel : « Je crois qu'honorablement nous ne pourrions pas supporter *cette insolence* d'un colonel prussien régnant sur les revers des Pyrénées. »

zaga... SE MONTRANT SURPRIS DE LA DÉMARCHE FAITE PAR LE PRINCE ANTOINE, le roi m'a répondu qu'il ne connaissait pas encore la détermination du prince Léopold. » Dans une conversation tenue le 12 au ministère des affaires étrangères avec l'ambassadeur prussien, baron de Werther, le duc de Gramont ayant émis cette remarque qu'il croyait que le prince Hohenzollern avait renoncé sous l'impulsion de Sa Majesté le roi : JE CONTREDIS CETTE OPINION, écrit M. de Werther, et JE DÉCLARAI LA RENONCIATION COMME ÉMANANT CERTAINEMENT DE LA PROPRE INITIATIVE DU PRINCE DE HOHENZOLLERN. » La chronique du *Moniteur prussien* confirme ces renseignements : « 9 juillet. L'ambassadeur de France près la confédération, le comte Benedetti, s'étant rendu à Wilbad à Ems, est reçu par le roi, et prie Sa Majesté d'interdire au prince Hohenzollern d'accepter la couronne d'Espagne ; *le roi refuse.* — 11 juillet. Le comte Benedetti insiste auprès du roi pour que Sa Majesté engage le prince Hohenzollern à se désister de la candidature au trône. —*Le roi repousse cette demande.* — 12 juilllet. *Le prince de Hohenzollern renonce de son propre mouvement à la candidature* (1). » Le 17 novembre 1870, pendant la guerre, quelqu'un dit à M. de Bismarck : « A présent, c'en est fait de la candidature du prince de Hohenzollern. — Oui, répond M. de Bismarck, MAIS SEULEMENT PARCE QU'IL N'A PAS VOULU. Il n'y a pas plus de trois semaines, je lui disais encore :

(1) Chronique de la guerre franco-allemande, d'après le *Moniteur prussien.*

Il est encore temps. Mais il n'en avait plus envie (1). »

Cette renonciation imprévue, qui avait déconcerté le roi, irrita son ministre. Dès lors, le reste de la négociation s'explique sans aucun des mystères qu'on a cherchés. Après une renonciation obtenue ou conseillée ou transmise avec approbation par le roi, nous n'avions plus rien à demander. Au contraire, une renonciation obtenue par le gouvernement français en dehors de la Prusse et malgré elle ne terminait rien si le roi ne la ratifiait. Notre gouvernement lui demanda de le faire, et il ajouta en même temps : « Déjà, en 1869, vous aviez pensé à cette combinaison, et déjà à cette époque nous ne vous avions pas laissé ignorer combien elle nous blesserait. Cependant vous y êtes revenus en 1870; donnez-nous l'assurance que désormais ce sera bien fini, que nous ne serons pas réveillés en sursaut une troisième fois et que vous respecterez l'obligation à laquelle toutes les autres puissances se sont assujetties, la France en Belgique et en Espagne, l'Angleterre et la Russie en Grèce, de ne pas rechercher un trône pour un membre de leur famille. »

Ces demandes modérées, nécessaires, dont aucun gouvernement n'aurait pu se dispenser sans manquer de la plus vulgaire prévoyance, ne pouvaient être considérées comme une tentative d'humilier une puissance à laquelle nous nous étions souvent montrés sympathiques, qui, sans notre complaisance

(1) Busch, *jeudi*, 17 *novembre*.

n'aurait pas réussi dans son entreprise de 1866, que nous venions de saisir en flagrant délit de conspiration contre notre sécurité et notre dignité, qui, de l'aveu de M. Thiers, s'était mise gravement dans son tort à notre égard et ne nous avait donné encore aucune satisfaction d'aucune nature.

Le roi ratifia la renonciation sur laquelle il n'avait pas compté et refusa de donner l'assurance de ne plus autoriser ou, pour mieux dire, de ne plus poser à l'avenir une pareille candidature. Néanmoins, le 13 au matin, le cabinet français, en chargeant son ambassadeur de tenter un dernier effort auprès du roi, décida tout d'une voix que, quel que fût le résultat de cette démarche suprême, il se contenterait de ce qu'il avait obtenu et déclarerait l'incident clos. Le ministre prussien n'eût pas la même résignation. Abandonné à l'improviste par son candidat, par son complice Prim, sentant, comme en 1866, quelque hésitation dans l'esprit de son souverain, ne pouvant douter que le gouvernement français ne s'arrêtât et ne lui infligeât ainsi une cruelle défaite diplomatique, il résolut de précipiter les évènements. Avant de savoir comment nous accueillerions l'échec de la dernière tentative de M. Benedetti auprès du roi, il télégraphia aux cours et aux journaux le refus du roi de recevoir notre ambassadeur et fit afficher cette nouvelle sur les murs des villes. C'était une véritable déclaration de guerre. Personne ne s'y méprit nulle part. A Berlin, la foule s'ameuta dans les rues en criant : « Au Rhin! » — Dans un livre remarquable, *la France et la Prusse devant l'histoire*, on trouve un extrait du *Journal de Geneve*, qui révèle le sentiment de l'opinion européenne : « C'était le 14 juillet 1870, entre onze heures et midi. J'étais au palais fédéral pour assister aux débats des Chambres alors réunies. — Eh bien! me dit un député, c'est la guerre. Avez-vu lu le *Bund*? — Non ; qu'y a-t-il? — Lisez les dépêches : le roi Guillaume a fermé sa porte à M. Benedetti. — Je voulus aussitôt me rendre à la salle de lecture pour y lire le *Bund*, mais en route je rencontrai M. le ministre de la Confédération de l'Allemagne du Nord, qui sortait du cabinet du président de la Confédération et avec lequel j'échangeai quelques propos sur la nouvelle du jour et sur les probabilités de la guerre, *à son avis certaine*. Nous causions au premier étage en face du grand escalier. Tout à coup nous vîmes le ministre de France, M. de Cominges-Guitaut, qui montait. Le ministre allemand s'élança au-devant de lui pour lui serrer la main pendant qu'il le pouvait encore, avant qu'ils devinssent officiellement ennemis. » Eh! quoi! dit M. de Cominges-Guitaut, y a-t-il quelque incident nouveau? — Oui, *voilà le télégramme que j'ai été chargé de communiquer au président de la Confédération.* » — Or ce télégramme était précisément celui qui a fait tant de bruit ; M. le ministre allemand l'avait reçu chiffré, et, comme le dit M. de Gramont, il était venu le communiquer au président, avec la traduction en regard. M. de Cominges en prit connaissance, échangea encore quelques paroles d'un air indifférent, puis les deux diplomates se quittèrent, et je me dis que j'avais assisté à une scène historique. » — A Paris, avant même que le gouvernement eût eu le temps de délibérer, se produisit une tempête d'indignation, niée depuis par les hommes de parti, mais attestée par tant de témoignages indestructibles que l'impartiale histoire les retrouvera (1), et l'Empereur fut placé dans l'alternative de faire un coup d'État contre l'opinion publique du pays, qui, lui disait-on, doit être la règle du gouvernement libre, et dont ses conseillers, son parlement et lui-même partageaient l'émotion, ou de reprendre malgré ses répugnances l'épée qu'il espérait avoir déposée pour toujours.

Ces faits, systématiquement obscurcis, s'éclairciront, et le bon droit de la France deviendra plus éclatant que la lumière du jour. En répondant par une explosion de colère à peu près unanime à des procédés qu'à aucune époque elle n'a tolérés, la France a été digne d'elle-même, de son passé et de son avenir. La victoire a trahi sa juste cause. Que ce soit le sujet d'une inconsolable affliction! Et cependant la défaite est moins dure que la honte. L'une se répare, l'autre est ineffaçable. Certaines nations ont vécu de trafic, ou de diplomatie, ou d'intelligence, ou d'art; nous, depuis la Gaule guerrière, nous avons vécu d'honneur. « Les Romains

(1) Lord Lyons, ambassadeur d'Angleterre, à son gouvernement : « On sentait que, lorsque l'article prussien paraîtrait dans les journaux du soir, il serait difficile d'arrêter la colère de la nation, et l'on pensait généralement que le gouvernement se verrait obligé d'apaiser l'impatience, en déclarant formellement son intention de tirer vengeance de la conduite de la Prusse. » (Du 14 juillet.)

disaient : L'amour de la patrie ; nous disons : L'honneur de la patrie (1). » Malheur à nous si jamais s'affaiblissait dans les cœurs ce sentiment sacré, inspiration constante de nos grands hommes et qui nous a portés à la tête de la civilisation : voilà le jour qu'il faudrait marquer de noir et déclarer néfaste, car il serait le dernier de notre action nationale !

XXIII

Aussi, quant à moi, après neuf années d'un examen de conscience solitaire, je reprends avec assurance, et sans en rien retrancher, le langage que j'adressai le 15 juillet 1876 à M. Thiers :

« Plus un courant d'opinion est unanime et violent, plus il y a de grandeur d'âme, quand on le croit erroné, à se mettre en sa présence et à tenter de l'arrêter en disant ce qu'on croit la vérité ! (Assentiment.) Aussi, après avoir écouté respectueusement l'honorable M. Thiers, selon mon habitude, n'aurais-je pas demandé la parole pour lui répondre, si dans son discours il n'y avait des appréciations que je ne puis accepter (2).

Nous aussi, messieurs, nous avons le sentiment de notre devoir, nous aussi nous savons que cette journée est grave, et que chacun de ceux qui ont contribué, dans une mesure quelconque, à la déci-

(1) Chateaubriand, *Réflexions politiques*, ch. xii.

(2) Rien ne ressemble moins à un outrage que ces paroles respectueuses. Dans la légende du mensonge, il n'est pas moins admis que le gouvernement a insulté et fait insulter M. Thiers.

sion qui va être adoptée, contractent devant leur pays et devant l'histoire une grave responsabilité.

Nous aussi, pendant les huit heures de délibération que nous avons eues hier, nous avons constamment pensé à ce qu'il y avait d'amer, de douloureux, à donner dans notre siècle le signal d'une rencontre sanglante entre deux grands États civilisés.

Nous aussi, nous déclarons coupables ceux qui, obéissant à des passions de partis ou à des mouvements irréfléchis, engagent leur pays dans des aventures.

Nous aussi, nous croyons que les guerres inutiles sont des guerres criminelles, et si, L'AME DÉSOLÉE, nous nous décidons à cette guerre, à laquelle la Prusse nous appelle, c'est qu'il n'en fut jamais de plus nécessaire. (Vives et nombreuses marques d'approbation.)

Nous le déclarons ici solennellement : aucun des membres du ministère n'a cherché une occasion de faire la guerre. Nous n'avons pas délibéré si le moment était opportun ou inopportun pour assaillir la Prusse ; nous ne voulions assaillir ni l'Allemagne ni la Prusse ; nous nous sommes trouvés en présence d'un affront que nous ne pouvions pas supporter, en présence d'une menace qui, si nous l'avions laissée se réaliser, nous eût fait descendre au dernier rang des États. (Très bien ! Très bien ! — C'est vrai !) Nous avons relevé l'affront et nous avons pris nos précautions contre la menace. (Très bien ! Très bien ! — Bravos et applaudissements.)

Dans la négociation, nous avons été, au début, décisifs et rapides, parce que, si nous avions perdu une minute, nous nous fussions trouvés en présence d'un fait accompli, et qu'étant obligés de faire la guerre, nous eussions eu à nos pieds le boulet qu'on voulait y mettre, l'Espagne prussienne.

Ce premier moment passé, nous avons été modérés, patients, conciliants, équitables. Si on nous avait accordé une satisfaction réelle, nous eussions accueilli cette satisfaction avec joie; mais cette satisfaction nous a été refusée.

Le roi de Prusse, il faut que l'histoire ne l'oublie pas, a constamment refusé d'intervenir pour amener ou faciliter la renonciation du prince de Hohenzollern. Quand elle a été obtenue, il a affecté de s'y considérer comme étranger; et quand enfin, voulant obtenir des assurances pour l'avenir, nous lui avons dit dans les formes les plus respectueuses : « Déclarez-nous que cette renonciation est définitive », comment s'est conduit le roi de Prusse?

Il nous a refusé.

Est-ce nous qui nous sommes montrés susceptibles? Est-ce nous qui nous sommes emportés, en face d'une réponse négative? (Non! non!) Nous sommes venus ici, et malgré les impatiences du dedans et les impatiences du dehors, et quoiqu'on commençât à dire que nous étions le ministère de la lâcheté et de la honte, NOUS AVONS CONTINUÉ A NÉGOCIER, et l'honorable M. Thiers a tort de l'oublier, AU MILIEU MÊME DE CES NÉGOCIATIONS, nous avons appris que, dans toute l'Europe, les représentants prussiens annonçaient et faisaient annoncer dans les journaux que le roi de Prusse avait envoyé un aide de camp à notre ambassadeur pour lui déclarer qu il refusait de le recevoir. (Bravos et applaudissements au centre et à droite. — Interruption à gauche.)

Il peut arriver qu'un roi refuse de recevoir un ambassadeur; CE QUI EST BLESSANT, C'EST LE REFUS INTENTIONNEL, DIVULGUÉ DANS DES SUPPLÉMENTS DE JOURNAUX, DANS DES TÉLÉGRAMMES ADRESSÉS A TOUTES LES COURS DE L'EUROPE. (Mouvements en sens divers.) Et ce fait nous a paru d'autant plus significatif que l'aide de camp qui a annoncé à M. Benedetti le refus d'audience *n'a manqué à aucune des formes de la courtoisie*. (Interruptions à gauche.) De telle sorte que notre ambassadeur n'a pas d'abord soupçonné la signification qu'on attacherait à un refus qui, accompli de certaines manières, eût pu être désagréable, sans devenir offensant. L'OFFENSE RÉSULTE D'UNE PUBLICATION INTENTIONNELLE (1). . . . .

Et vous trouvez que ces faits rapprochés, que ces faits successifs, que ces faits réunis sont sans importance?

Vous ignorez donc la vivacité du point d'honneur chez deux nations placées depuis des années dans

(1) Je ne faisais donc pas résulter l'offense des *termes insultants* de la dépêche, mais *du fait de la divulgation intentionnelle* du refus de recevoir notre ambassadeur. La légende du mensonge n'en répète pas moins tous les jours que nous avons supposé *dans les termes* de la dépêche une injure qui ne s'y trouvait pas. — Je n'ai pas dit que la personne même de notre ambassadeur ait été outragée. La légende du mensonge n'en répète pas moins que nous avons invoqué faussement des manquements personnels envers M. Benedetti.

la situation faite à la Prusse et à la France par des excitations perpétuelles? Et d'où sont venues ces excitations? N'est-ce pas de vous, messieurs de l'opposition? N'est-ce pas vous qui, depuis 1866, n'avez cessé de représenter l'œuvre de Sadowa comme une déchéance intolérable qu'il fallait effacer,... (C'est vrai! c'est vrai!)... qu'il fallait détruire? N'est-ce pas vous qui, toutes les années, une fois au moins par session, vous êtes levés pour répéter cette humiliante démonstration, que la France était descendue de son rang, qu'elle devait préparer la lutte qui le lui rendrait? (C'est vrai! C'est vrai!)

Je ne me suis jamais associé à ce langage; je l'ai combattu, j'en ai démontré le péril; je vous ai dit : « Tant que vous exciterez ainsi deux puissants États l'un contre l'autre, renoncez entre eux à toute paix durable et digne. » Comme député, il n'est pas d'efforts que je n'aie faits pour calmer les inquiétudes, dissiper les malentendus et amener un rapprochement et un apaisement. Depuis mon avènement au pouvoir, j'ai mis une vigilance attentive et infatigable à ne pas éveiller, à ne pas accroître les susceptibilités réciproques, de manière que la paix se faisant dans les esprits pût être maintenue dans les faits. Qui pourra dire que nous avons manqué à ce devoir? Qui pourra nous signaler l'occasion dans laquelle nous n'avons pas été vis-à-vis de la Prusse soucieux d'éviter même ce qui pouvait avoir les apparences d'une provocation? (Interruptions à gauche.)

Comment! vous m'interrompez! Est-ce que vous

avez oublié qu'il y a eu récemment, dans cette assemblée, une discussion de laquelle, si nous cherchions des prétextes et des occasions, nous aurions pu profiter pour allumer dans les âmes des irritations nationales? L'avons-nous fait? Répondez. (Très bien! Très bien!)

Quand il s'est agi de l'affaire du Saint-Gothard, sommes-nous venus vous exciter? Sommes-nous venus vous dénoncer les manœuvres de la Prusse? Estimant l'action de nos voisins légitime, quoiqu'elle parût gênante à d'autres, ne l'avons-nous pas respectée, défendue? (C'est vrai! C'est vrai!) Le Gouvernement a-t-il prononcé une parole de nature à blesser en Prusse l'âme la plus susceptible ou le patriotisme le plus exigeant?

Que de fois n'a-t-on pas appelé mon attention sur le malheureux sort des Danois du Sleswig! Que de fois ne m'a-t-on pas pressé de réclamer en leur faveur l'exécution du traité de Prague! Je l'ai toujours refusé, malgré l'intérêt que m'inspirent ces nobles populations. « Ne touchons pas, disais-je, à ces sujets brûlants. Il en résulterait des animosités, de la mauvaise humeur, puis un choc; or nous ne voulons pas de lutte, nous ne voulons pas de choc; dans cette assemblée, je vous fais appel, à vous que j'ai détournés de ces débats! Dites, n'ai-je pas toujours essayé de conjurer tout ce qui pouvait alimenter l'excitation des esprits? » (C'est vrai! C'est vrai!)

Il n'est pas une occasion, une circonstance, un jour dans lesquels, depuis que nous sommes aux affaires, nous ayons été non pas timides, non pas pusillanimes, non pas incertains, mais circonspects, mais prévoyants, mais attentifs à ce que nos relations avec la Prusse fussent correctes. La guerre est un tel fléau que nous n'avons rien négligé pour l'épargner à notre pays et à l'Europe.

Vous parlez de l'avenir. Eh bien, moi aussi, je fais appel à l'avenir et je lui dis : « Avant de nous juger, n'oubliez pas les susceptibilités, les émotions au milieu desquelles nous vivons. » C'est au milieu de ces susceptibilités, de ces émotions, que de gaieté de cœur, sans provocation de notre part, dans un sentiment que je ne puis pas qualifier, la Prusse affiche une prétention pour laquelle la France de Louis XIV a lutté pendant plusieurs années... (Nouvelles interruptions.)

Écoutez, messieurs, je vous en prie... une prétention pour laquelle, pendant le règne de Louis-Philippe, les ministères sont tombés, pour laquelle on a négocié pendant des années!

Il y a deux axiomes dans la politique du monde à l'égard de l'Espagne; deux axiomes qui ont la solidité et l'évidence qui naît de la force des choses et qui peuvent se confondre dans une même formule : c'est qu'il ne doit y avoir en Espagne, pour roi, ni un prince régnant en France, ni un prince de l'une des maisons régnantes rivales de la France. C'est là, messieurs, un principe de politique élémentaire. (Mouvement prolongé.) Eh bien, je le demande, qui de nous ou du roi de Prusse a méconnu ce principe élémentaire, et qui a tenté de le violer?

Il y a quelques semaines, comme l'Europe était paisible et heureuse! Partout la tranquillité et la confiance. L'esprit le plus chagrin n'aurait pu découvrir nulle part une cause raisonnable de conflit; aucun de nous qui ne fût assuré pour l'Europe d'une longue paix! Qui donc tout à coup a fait surgir au milieu de cette situation paisible une difficulté grosse de tempêtes? Est-ce nous, ou bien ceux que vous défendez? (Réclamations à gauche.) Est-ce nous qui avons préparé des éléments de trouble? Est-ce nous qui avons inquiété une susceptibilité quelconque? Est-ce nous qui avons méconnu un des droits de cette grande et noble Allemagne dont nous ne sommes pas les ennemis? Est-ce nous qui avons réveillé des souvenirs que nous voudrions ensevelir à jamais dans le passé? Est-ce nous qui avons eu la coupable fantaisie d'approcher la flamme d'un foyer de poudre, et puis de nous étonner qu'une explosion ait lieu?...

Oui, de ce jour commence pour les ministres, mes collègues, et pour moi, une grande responsabilité. (Oui, à gauche.) Nous l'acceptons le cœur léger... (Vives protestations à gauche.)

Oui, d'un cœur léger, et n'équivoquez pas sur cette parole, et ne croyez pas que je veuille dire avec joie; JE VOUS AI DIT MOI-MÊME MON CHAGRIN D'ÊTRE CONDAMNÉ A LA GUERRE; JE VEUX DIRE D'UN CŒUR QUE LE REMORDS N'ALOURDIT PAS, d'un cœur confiant, parce que, la guerre que nous ferons, nous la subissons, parce que nous avons fait tout ce qu'il était humainement et honorablement possible de tenter pour l'éviter; et enfin parce que notre cause est juste et qu'elle est confiée à l'armée française (1). (Nombreuses marques d'approbation. — Nouveaux applaudissements.) »

XXIV

Après l'événement, M. Thiers a voulu donner à son opposition un caractère prophétique : il s'est targué d'avoir annoncé que notre armée n'était point prête et d'avoir prévu ses revers. Dans sa déposition devant la commission d'enquête, il raconte qu'il réunit quelques ministres dans un bureau, et il ajoute : « Je passai plus de deux heures à les entretenir. Jamais, je crois, je n'ai fait plus d'efforts pour convaincre des hommes. Je parlai avec une véhémence extraordinaire; j'étais haletant, baigné de sueur. Je dis à ces ministres que, s'ils hésitaient, ils perdaient la dynastie, ce qui ne me regardait

(1) Dans la même séance, M. Jules Favre ayant relevé contre moi le mot, je l'interrompis : « Pas d'équivoques, monsieur! J'ai dit : « cœur léger », parce que quand on remplit son devoir on n'a pas le cœur troublé. »

Il ne peut donc exister aucun doute sur mon intention. Je n'ai voulu parler ni d'un cœur inconsidéré ni d'un cœur joyeux, mais d'un cœur qui n'est pas lourd de remords. Mon expression, irréprochable dans le sens que j'y ai attaché, est-elle du moins incorrecte? Je consulte le plus récent des grands dictionnaires, Littré, au mot *léger*. J'y lis ce qui suit : « *Léger*.... 4° Qui n'accable pas par un poids moral; et, à titre d'exemple, ce passage de la lettre huitième de Pascal à Mlle de Roannez : « Sachez, dit-il (Jésus-Christ), que mon joug est doux et *léger*. (Mathieu, XI, 29, 30.) Il n'est *léger* qu'à lui et à sa force divine. » Ceux qui se sont armés contre moi de cette expression ont prouvé leur mauvaise foi ou leur ignorance de la langue française.

point, mais ce qui les regardait spécialement, eux chargés de la défendre, mais qu'ils perdaient aussi la France, ce qui était bien plus grave, et que, pour ma part, je n'en doutais pas. »

Or voici le fait tel qu'il s'est passé. M. Thiers, rencontrant un des ministres dans les couloirs de la Chambre, peu d'instants avant la séance, lui avait exprimé le désir de causer avec lui et quelques-uns de ses collègues dans l'un des bureaux. Quatre ou cinq ministres, avertis successivement et sans autre concert préalable, se rendirent de suite à cette invitation; c'étaient MM. Mège, Maurice Richard, Louvet, Ségris et Chevandier de Valdrome. M. Thiers leur dit : « J'ai voulu causer avec vous... les circonstances sont graves. On veut vous entraîner à la guerre. Le moment n'est pas encore venu. La Prusse assurément s'est mise gravement dans son tort. Je désire autant que vous la réparation des événements de 1866... mais l'occasion est mal choisie... vous n'avez pas d'alliances. La guerre mettra l'Europe en feu et contre vous. Le moment n'est pas encore venu. » En un mot, il reproduisit le langage qu'il avait tenu à la tribune le 30 juin : « Ce serait une grande imprudence d'être aujourd'hui les auteurs de la guerre. On répandrait sur le monde des calamités effroyables parce que la *guerre ne pourrait pas être isolée, ce serait une guerre universelle*, et coupables seraient aux yeux de l'histoire, coupables aux yeux de la France qui en souffrirait cruellement, coupables aux yeux du monde entier, ceux qui déchaîneraient la guerre sur notre pays, *car elle s'étendrait à tous les autres.* » L'entretien ne dura qu'un quart d'heure; il ne parla point avec véhémence, il n'était ni haletant, ni baigné de sueur; il n'eut pas à faire des efforts extraordinaires pour persuader des hommes qui avaient plus horreur de la guerre que lui et qui ne songeaient, ni maintenant ni plus tard, à prendre une revanche de 1866. Il ne fit entendre sur la France et sur la dynastie aucune des prophéties qu'il a arrangées depuis. Surtout il ne prononça pas une parole de nature à faire supposer que nous ne fussions pas en état de supporter la lutte.

Si telle eût été sa conviction, il eût été criminel de ne l'avoir pas manifestée. On ne pouvait exiger qu'il dévoilât à la tribune le secret de notre faiblesse militaire(1). Mais si, comme il le prétend faussement, les ministres étaient restés sourds à ses avertissements confidentiels, pourquoi n'être pas allé frapper à la porte de la commission? pourquoi n'avoir pas exigé d'être confronté devant elle avec le ministre de la guerre? pourquoi à huis clos n'avoir pas dévoilé la vérité et dissipé les illusions? M. Thiers s'est calomnié. Il n'a pas douté de la force invincible de notre armée. Sans cela, il ne se serait pas contenté de justifier son opposition par des arguments diplomatiques sans valeur; il aurait dit aux commissaires

(1) Il s'agit de M. Thiers dans cette étude, et non de moi. C'est pourquoi je ne m'explique pas sur l'attitude qu'il m'a prêtée dans ses dépositions. Je n'y manquerai pas ailleurs. Il me suffit ici d'affirmer qu'il ne m'a jamais tenu un langage différent de celui qu'il fit entendre à nos collègues, et qu'il ne m'a jamais dit que nous n'étions pas prêts.

de l'assemblée ou à l'assemblée elle-même réunie en comité secret : « Nous ne sommes pas prêts! » Deux des ministres, MM. Rigault de Genouilly et Plichon, étaient allés interroger le plus pessimiste des généraux d'alors, le général Trochu, sur les chances de la lutte qui s'engageait. « Soyez sans inquiétude, répondit le général ; rien ne résiste au premier coup de dent de l'armée française. Le péril ne commencera que lorsqu'il faudra soutenir un long effort. » M. Thiers pensait de même. L'événement trompa ses prévisions : il avait prévu une guerre universelle, la lutte resta limitée : il avait cru à la victoire de la France, comme en 1866 il avait cru à celle de l'Autriche, et la Prusse l'emportait. Alors il essaya de se retourner.

Il avait trop d'esprit pour dire platement et cyniquement, comme quelques-uns de ceux qui ont voulu et voté la guerre : « On nous a trompés en nous disant que nous étions prêts. » Il savait qu'un homme sérieux peut, à la simple lecture du budget, juger si l'armée est prête ou ne l'est pas (1). Il fit mieux, il se posa audacieusement en Cassandre dédaigné. Il affirma à la tribune le 12 août : « Qu'il n'y avait pas un ministre qui ne l'eût entendu dire avec passion : « Je suis convaincu que nous ne sommes pas prêts. » Après les défaites, cette parole était un véritable encouragement donné à l'ennemi, un cri de sauve-qui-peut jeté à nos soldats découragés. Eût-elle été vraie,

(1) « J'ai la prétention, à la lecture du budget seulement, de savoir si l'on est prêt ou si on ne l'est pas. » (Thiers, discours du 9 juin 1872.)

le devoir était de l'étouffer sur les lèvres. Quand il eût fallu la dire, il l'avait tue : il la disait, quand il fallait la taire. Et cela pour se préparer un piédestal par une indigne vanterie. Plus patriotes que lui, les ministres ainsi désignés à la haine publique ne voulurent pas, en un pareil moment, soulever un débat personnel. Néanmoins ils le firent avertir que, s'il prétendait de nouveau leur avoir tenu ce langage dans la réunion improvisée sur sa demande, il recevrait un démenti unanime. Il n'y revint plus, et ne reprit son thème que lorsqu'il n'eut plus de contradicteurs en sa présence. Tout ce qu'il a avancé depuis repose sur une équivoque.

XXV

Dans une première acception, n'être pas prêt signifie manquer d'armes, de munitions, d'approvisionnements, de soldats. Cela, M. Thiers ne l'a jamais soutenu ni publiquement ni à l'oreille des ministres. D'autres l'ont prétendu à l'heure des récriminations et ils ont été réfutés par leurs propres enquêtes (1). N'être pas prêt peut aussi signifier simplement qu'on est sur le pied de paix. Cela, M. Thiers l'a dit sans mystère à la tribune, le 30 juin, avant l'affaire Hohenzollern et le ministre de la

(1) Le général Favé, *M. le duc d'Audiffret-Pasquier et la réforme administrative du département de la guerre* : « Tous les états fournis au Corps législatif par le gouvernement impérial étaient *sincères et véridiques*. Le rapport de la commission le prouve sans le dire peut-être assez haut. » (Page 8.)

guerre, loin de le contredire, l'a interrompu, disant : « C'est parfaitement vrai. » Voici où commence l'équivoque. Même étant sur le pied de paix, on est prêt, si on a pris les dispositions nécessaires pour passer rapidement du pied de paix au pied de guerre. Quand est-on dans ces conditions, d'après M. Thiers? Quand on peut en six semaines ou deux mois, porter un régiment de l'effectif de paix à l'effectif de guerre (1). Toujours d'après M. Thiers, combien a-t-il fallu aux Prussiens pour cette opération? Vingt et quelques jours. Et nous, combien avons-nous employé à réunir autour de Metz au moins deux cent cinquante mille hommes (2)? Vingt et quelques jours. Avec l'organisation que nous avions alors, un tel résultat est extraordinaire (3).

Quant aux revers, M. Thiers les avait crus si peu inévitables, qu'après l'événement, dans ses déposi-

(1) « Quand peut-on, par exemple, passer rapidement du pied de paix au pied de guerre? C'est quand on peut en très peu de temps, en six semaines ou deux mois, porter un régiment de l'effectif de paix à l'effectif de guerre... Le ministre pourrait vous dire que les régiments ne sont pas de plus de quinze cents hommes aujourd'hui.

« *M. le ministre de la guerre.* C'est vrai. — *M. Thiers.* Je proteste contre cette idée que nous sommes sur le pied de guerre. Nous sommes sur le pied de paix nécessaire pour que l'armée française, si elle y était forcée dans l'intérêt de la sécurité ou de l'honneur du pays, puisse rapidement passer du pied de paix au pied de guerre. Voilà ce que disent les hommes qui savent compter, et ceux-là sont bien rares. Heureusement nous avons devant nous un ministre de la guerre qui sait compter, cela me rassure. »

(2) C'est le chiffre de M. Thiers. En réalité, à la fin de juillet, nous avions 278,882 hommes.

(3) Discours du 9 juin 1872 : « Nous avons été prêts en vingt et quelques jours. Je dois le reconnaître, on a déployé toute l'activité possible... La réunion de deux cent cinquante mille hommes autour de Metz en vingt jours *est une chose extraordinaire.* »

tions au milieu de tant de propos contestables, de mise en scène toute d'imagination, de langage composé après coup, de contradictions manifestes, emporté par son instinct d'historien, il a prononcé ce grave jugement, dans lequel on retrouve le narrateur des batailles de l'empire : « Si, au début, on avait agi avec vigueur et présence d'esprit, si, au lieu de demeurer vingt jours immobiles, sans plan, sans vues arrêtées, dispersés sur une ligne de cinquante lieues, de Thionville au bord du Rhin, en cinq corps qui ne pouvaient pas se secourir les uns les autres ; si au lieu d'accumuler ces fautes, on avait laissé cinquante mille hommes sur la crête des Vosges pour observer la vallée du Rhin, et que, avec deux cent vingt-deux mille hommes, on eût marché vigoureusement sur Trêves, on aurait rabattu les Prussiens, peut-être percé leur ligne, rejeté leur énorme masse sur Mayence, et changé la face des événements. On le croyait tout à fait en Prusse, et j'ai acquis à Saint-Pétersbourg la preuve que le roi de Prusse lui-même et l'empereur de Russie, convaincus que les choses se passeraient ainsi, s'étaient entendus dans cette hypothèse. Le prince Gortschakoff, qui se trouvait en ce moment en Allemagne, avait reçu avis de se hâter, car autrement, disait-on, il serait pris par les Français qui arrivaient au pas de course. » — Or tel était le plan que l'intrépide maréchal Lebœuf, auquel l'histoire accordera d'amples réparations, essaya en vain de faire prévaloir. M. Thiers aurait pu ajouter que, le lendemain de notre victoire à Rezonville (16 août), si, au lieu d'un mouvement en arrière inattendu, l'armée pleine de confiance et d'élan avait poursuivi son avantage de la veille, les Prussiens eussent été jetés dans la Moselle. Même après cette faute, si, le 18 août, à Saint-Privat, nos réserves, immobiles toute la journée, avaient soutenu le maréchal Canrobert, cette bataille, la plus grande du siècle, se serait terminée par la défaite de l'armée prussienne.

Ayons enfin le courage de le dire nettement : M. Thiers s'est opposé à la guerre parce qu'il redoutait les résultats politiques d'une victoire dont il ne doutait pas (1). Le plébiscite avait compromis le grand rôle en vue duquel il se réservait ; une victoire sur le Rhin l'eût rendu impossible, et emporté à jamais cette présidence de la république après laquelle il ne cessait d'aspirer depuis qu'aucun monarque n'avait consenti à régner pour le faire gouverner.

XXVI

Les revers arrivent, aussi foudroyants qu'imprévus. A ce moment il n'eût tenu qu'à M. Thiers de sauver véritablement la France, et de conquérir à son nom, comme homme d'État, l'immortalité qu'il lui a assurée comme historien. Si le 9 août, d'où date véritablement la chute de l'Empire, il était monté à la tribune, s'il avait tenu à l'égard du gouvernement

(1) Déposition de M. de Kératry, qui se prononça pour la guerre : « J'ai été blâmé d'avoir voté la guerre parce qu'un succès pouvait réconforter l'empire. »

de l'Empereur le raisonnement qu'il fît le 4 septembre au profit des envahisseurs du Corps législatif : « L'ennemi approche, pas de divisions, pas de luttes intestines, pas de révolution ; faisons tous le sacrifice de nos sentiments personnels aux dangers que court la France », son autorité eût été d'autant plus irrésistible qu'il s'était opposé à la guerre ; il eût été acclamé, béni, suivi ; on lui eût offert de prendre la direction des affaires ou de s'y associer avec autant d'unanimité qu'on le supplia quelques jours après d'entrer au comité de défense. La volonté de la chambre n'eût trouvé aucune résistance auprès des ministres, heureux de s'adjoindre un tel auxiliaire, et pas davantage auprès de l'Empereur, car celui-ci, quelques jours avant, à la veille d'aller à l'armée, malgré la séance du 15 juillet, avait envoyé au maréchal Lebœuf la note autographe suivante : « Mettez tous vos soins à chercher qui pourrait le mieux vous remplacer. A mon avis, ce serait M. Thiers. »

Les conséquences heureuses de cette conduite eussent été incalculables. Une crise ministérielle, véritable désaveu de la guerre et prélude de la déchéance, faite sous la menace de la rue, n'eut pas désorganisé les ressorts du gouvernement (1). Une révo-

(1) L'Empereur, avec son jugement si droit, ne se méprit pas sur les conséquences de cette crise ; il en fut consterné, et, malgré les angoisses de sa situation personnelle, il le marqua par une lettre touchante adressée à M. Émile Ollivier. V. *Principes et Conduite*, préface. — Seul, M. Granier de Cassagnac père, je n'hésite pas à rendre cette justice à un adversaire, fit entendre de vaillantes paroles dans cette affligeante séance du 9 août.

lution n'eût pas brisé le gouvernement lui-même, détruit nos alliances et empêché la concentration méthodique de nos ressources. Se fût-on décidé à la paix immédiate, les conditions en eussent été tolérables, puisque, de l'aveu de M. Jules Favre à Ferrières, après Sedan, on pouvait traiter moyennant l'abandon de Strasbourg et de sa banlieue (1). Eût-on préféré la continuation de la lutte, nos ressources eussent été employées avec ordre, vigueur et compétence : l'armée, que les bouillonnements à chaque heure grossissants de l'émeute a poussée à Sedan, malgré l'avis de l'Empereur, du maréchal Mac-Mahon, du général Trochu, de M. Thiers, fût restée l'armée de secours destinée à dégager Paris, si, dans de telles conditions, l'ennemi eût osé l'in-

(1) M. de Valon, dont la parole loyale n'admet pas de contradiction, a plusieurs fois raconté cet aveu de M. Jules Favre fait dans un bureau de la chambre. M. Thiers lui-même a reconnu l'aggravation que nous devons au gouvernement de la défense nationale. Discours du 20 juin 1871 : « A mon avis, la faute de la guerre poursuivie à outrance a commencé sur la Loire, lorsqu'il n'y avait plus d'espérance raisonnable de former au-delà de ce fleuve des armées capables de dégager Paris. Je crois que, si l'on s'était arrêté sur la Loire, la dépense aurait été alors à peu près de 12, 13 ou 1,400 millions. J'ai la conviction que, si nous avions fait la paix à ce moment, nous aurions moins perdu en territoire et moins donné en indemnité de guerre!... Au lieu de 5 milliards, nous aurions pu obtenir la rançon de la défaite pour 2 milliards et demi. (Mouvement.) Oui, messieurs, c'est ma conviction ! Eh bien, à mon avis, on a poussé la guerre à des extrémités désastreuses, et c'est ainsi qu'on a dépensé encore 1,500 millions de plus environ et même plus de 1,500 millions! Ceux qui ont fait la guerre nous ont condamnés à la dépense nécessaire de 4 milliards. Ceux qui l'ont prolongée trop tard ont doublé le désastre et la dépense. Je le dis pour être complètement juste. » — Pour être complètement juste, M. Thiers aurait dû reconnaître que, sans la Révolution commencée le 9 août, nos affaires auraient pu se rétablir et que nous n'aurions eu à payer aucune rançon.

vestir. Une incurie d'autant plus incompréhensible, qu'un décret interdisait de donner les nouvelles militaires, n'eût pas permis à des journaux français d'instruire l'ennemi d'un mouvement stratégique (1) qui, pour réussir, avait besoin d'un profond secret. La victoire aurait pu revenir sous nos drapeaux; nous n'eussions pas déploré le massacre d'hommes tels que le président Bonjean, Mgr Darboy, le Père Ollivaint, l'abbé Deguerry; la lie de nos grandes villes, déshabituée des scélératesses depuis 93, n'en eût pas repris le goût (2); et pour la liberté quel avenir assuré! Qu'aurait pu lui refuser un souverain ainsi secouru et sauvé?

Un des plus constants ennemis de l'Empire jusque-là, le vieux général Changarnier comprit ainsi le devoir patriotique. Retrouvant l'inspiration de Carnot, il oublie son emprisonnement, son long exil, sa carrière brisée, et, ne pouvant à la tribune conseiller le sacrifice, il court au quartier général, serre la main de l'Empereur, et s'enferme à Metz,

(1) Voici ce qu'on lit dans le compte-rendu officiel des opérations de l'armée allemande : Le général de Moltke au prince royal : « On me télégraphie que le journal français *le Temps,* dans son numéro de mercredi soir, 23 août courant, affirme que le maréchal Mac-Mahon a pris tout à coup la résolution de marcher au secours de Bazaine et a déjà quitté Reims avec toute son armée. « A six heures du soir, le 26 août, la deuxième division de cavalerie prussienne envoya au prince royal la confirmation du départ pour Reims de l'armée du maréchal Mac-Mahon; elle se trouvait dans un article du journal français *le Siècle,* daté du 24 août. »

(2) Quant aux mouvements politiques du 31 octobre et du 18 mars, ils ne sont ni plus ni moins coupables que le 4 septembre. Les hommes du 4 septembre poursuivant, traquant, traitant comme des révolutionnaires les hommes du 31 octobre et du 18 mars, c'est une des audaces les plus surprenantes de l'histoire!

pour lutter et souffrir avec notre armée! Magnanime exemple à proposer à l'admiration du temps présent, car si, ayant tant à nous pardonner réciproquement, personne ne donne l'exemple de l'oubli généreux, que deviendrons-nous?

M. Thiers ne songea qu'à son emprisonnement à Mazas et à sa vengeance. Dès le 9 août, il reprit le rôle de Lafayette en 1815, et il dit dans les couloirs : « Il y a un mot que j'ai déjà prononcé à une autre époque et que je commence à répéter : « La république est le gouvernement qui nous divise le moins. » Et comme à ce langage un député de haute valeur répondait : « En ce qui me concerne, fidèle à vos leçons, je respecte le gouvernement légal », il répondit : « Ne voyez-vous pas que votre gouvernement légal est le gouvernement illégal? »

A mesure que la situation s'aggravait, il dissimulait moins sa pensée intime. Le 23 août, dans la commission chargée d'examiner divers projets de loi sur l'adjonction de certains députés au comité de la défense, il dit : « Dans huit jours, il arrivera probablement un de ces événements qui font cesser toutes les situations fausses. » A ces mots, le secrétaire de la commission, M. Huet, l'interpelle vivement et lui demande ce qu'il doit mettre dans son procès-verbal. M. Thiers fait une pirouette et répond : « Mettez ce que vous voudrez. » M. Huet riposte : « Mais vous venez de prophétiser une révolution devant l'ennemi, et c'est là ce que je mettrai! — Non, non, réplique M. Thiers, je n'ai pas dit cela; j'ai dit ce que j'ai dit, mais pas cela. » Qu'avait-il donc dit?

Le 24 août, c'est du haut de la tribune même qu'il lance le propos séditieux : « Ne nous parlez pas des institutions. »

Le 26, nommé au comité de défense par l'Impératrice, il n'y entre que sur la prière de la Chambre, faisant ainsi un acte d'hostilité contre le gouvernement en péril.

De son rôle dans ce comité, que pourrais-je dire de plus expressif que ce qu'en a noté le maréchal Vaillant dans son journal de chaque jour? « 29 août. Comité de défense jusqu'à minuit. M. Thiers est un dissolvant, rien de plus; il nous fait perdre notre temps. — 31 août, 8 heures. Comité de défense jusqu'à dix heures et demie. M. Thiers n'y vient pas : est-ce une pièce qu'il veut nous jouer? — 2 septembre. Séance du comité de défense, de huit heures à minuit. M. Thiers parle, parle; on se chamaille, on ne conclut pas. La politique domine chez M. Thiers tous ses bons instincts. »

Enfin le 4 septembre, sûr de l'impunité, il dépose le masque derrière lequel il se cachait depuis 1863, et il renouvelle contre Napoléon III les propositions de Lafayette contre Napoléon Ier. Il ne sent pas qu'abandonner un souverain tombé l'épée de la France à la main, c'était plus que perdre une bataille, que perdre une armée, que perdre une province, c'était perdre l'honneur, c'était infliger à la nation la souillure ineffaçable d'une trahison!

Le Corps législatif n'opposa pas à la déchéance

de Napoléon III plus de résistance que la chambre de 1815 n'en avait fait à celle de Napoléon Ier. Il demanda seulement qu'on se contentât de la chose en lui épargnant le mot. M. Thiers y consentit; la foule n'y consentit pas. Pendant que dans les bureaux on parlementait sur les formules (1), elle mit à la porte une assemblée qui, ayant détruit de ses propres mains son titre légal, n'avait pas plus que la cohue débraillée ou gantée qui se pressait côte à côte dans les salles du Corps législatif, le droit d'instituer un gouvernement quelconque en face du gouvernement plébiscitaire, seul légal.

M. Thiers, en réprouvant pour la forme un acte de violence qui, à la vérité, n'était pas plus répréhensible qu'une déchéance illégale prononcée par le Corps législatif, laissa voir le fond de son cœur. Aux députés qui se plaignaient de l'envahissement de la Chambre il répondit : « Ne sentez-vous pas que, si vous opposez ce souvenir comme une protestation, il rappellera aussitôt celui de la violation d'une autre assemblée? N'oubliez pas que vous parlez devant un prisonnier de Mazas. » Changarnier aussi était un prisonnier de Mazas, et devant le

(1) Voilà la transaction qui, après avoir été adoptée dans les bureaux, fut votée à l'UNANIMITÉ! dans une séance tenue à la présidence après l'envahissement : « Vu les circonstances, la Chambre nomme une commission de gouvernement et de défense nationale. Cette commission est composée de cinq membres choisis par le Corps législatif. Elle nommera les ministres. Dès que les circonstances le permettront, la nation sera appelée *par une assemblée constituante* à se prononcer sur la forme de gouvernement. » — C'est à la fois la déchéance de l'Empire et l'abandon de sa doctrine plébiscitaire sur le pouvoir constituant.

désastre national il n'avait permis à personne de se rappeler et il l'avait oublié lui-même. « Nous n'avons qu'une chose à faire, dit M. Thiers en concluant : ni les reconnaître, ni les combattre, nous retirer avec dignité. »

XXVII

On a tenté de justifier M. Thiers en disant que le Deux-Décembre était un de ces crimes inexpiables avec lesquels sous aucun prétexte on ne doit pactiser. S'il en était ainsi, il ne fallait pas prêter serment à ce crime et reconnaître les droits de la dynastie. Les massacres du 2 septembre 1792 constituaient sans doute un crime bien plus horrible que celui du 2 décembre. Or écoutez ce que pense à ce sujet le dernier et le plus enflé des panégyristes de M. Thiers : « Tout pouvait être sauvé encore par la conciliation de Danton et de la Gironde. Où était l'obstacle? — Sur l'avenir on pouvait s'entendre; mais le passé? — Ce terrible passé d'hier. — Le passé du 2 septembre? — Danton voulait qu'on jetât un voile sur ce passé. Les Girondins voulaient en poursuivre le châtiment. — Il n'est jamais permis de participer à une injustice ou à un crime, sous prétexte de salut public; mais doit-on invariablement repousser la main de celui qui en a été, à un degré quelconque, le fauteur ou le complice, s'il vous tend cette main pour vous aider à réparer le mal auquel il a contribué, ou pour empêcher ce mal de se renouveler ou de s'aggraver? Doit-on repousser cette main, si le salut public nous commande de l'accepter? — *Faut-il tout sacrifier à la pensée de poursuivre à tout prix et en tout cas toute action criminelle, lors même que cette poursuite peut amener pour la société, pour la patrie, de nouvelles calamités?* — Après quatre-vingts ans, l'histoire, interrogée dans le silence des passions, prononce que les Girondins auraient dû, malgré tout, s'entendre avec Danton (1). » Le même homme qui a écrit ces observations loue M. Thiers de n'avoir pas oublié le 2 décembre en présence de l'invasion. O logique des partis, voilà de tes coups! Il ne sera pas nécessaire d'attendre quatre-vingts ans pour que l'histoire condamne la conduite de M. Thiers du 9 août au 4 septembre.

XXVIII

Après le 4 septembre, M. Thiers comprit que les affaires ne se relèveraient pas. Ne voulant ni blâmer un mouvement qui comblait ses désirs, ni l'approuver dans la crainte de compromettre son renom et son rôle prochain, sa situation à Paris devenait pleine d'impossibilités. Convaincu que quand on est nécessaire on peut se faire attendre, il laissa ses amis à leur joie d'être délivrés de l'Empire (2), et il

(1) HENRI MARTIN, *Histoire populaire*, t. IV, p. 20.

(2) VITET, *Cinquième Lettre sur le siège de Paris :* « Quand je mets en regard les maux qu'elle me rappelle, cette désastreuse année, et les biens qui, je l'espère, découleront de ces maux, que dis-je?

se déroba, selon sa coutume, par le célèbre voyage diplomatique. *Quæ secuta sunt magis defleri quam defendi possunt.* Les événements qui suivirent demanderaient des larmes et non un récit. On sait maintenant par lui-même et par les autres ce qu'il fit dans sa course à travers l'Europe. Il alla partout, aux frais de notre trésor épuisé, plaider le bon droit de la Prusse et répandre des calomnies contre le prisonnier de Wilhemshoë et contre ses ministres. Il alla partout, pendant que le Prussien foulait notre sol, répéter que ni la France, ni même la Chambre n'avaient voulu la guerre, qu'elles avaient cédé à la pression et aux mensonges du gouvernement (1). De nos malheurs nous pouvions tirer un profit qui nous eût valu le respect du monde : c'eût été de démontrer

ceux-là même que nous goûtons déjà, j'hésite à la maudire, et j'entrevois un temps où, au milieu de nos tristesses, tout compte fait, tout bien pesé, nous la bénirons. Et d'abord n'a-t-elle pas vu tomber l'Empire?... L'année qui a cet honneur de porter à son compte une telle délivrance, si meurtrière et si fatale qu'elle soit d'ailleurs, n'est pas une année stérile, il ne faut la maudire qu'à demi et ne lui lancer l'anathème qu'en y mêlant la gratitude. »

M. Hyacinthe Loyson parlait de même à Londres le 20 décembre 1870 : « Oui, Dieu nous a sauvés, et pour moi je ne me sens pas le droit de lui demander compte du moyen terrible dont il a fait choix. Merci, Dieu des miséricordes et des justices, vous avez rendu la France à elle-même : vous seul pouviez savoir au prix de combien de larmes et de combien de sang devait s'opérer une telle rédemption ! »

(1) *M. Thiers à M. Jules Favre.* Londres, le 13 septembre 1870 : « J'ai d'abord mis du soin à prouver par un récit véridique des événements qui avaient amené la guerre, que cette guerre, la France ne l'avait pas voulue, que la Chambre elle-même ne l'avait pas voulue davantage et n'avait cédé qu'à la pression du pouvoir toujours irrésistible auprès d'elle, et que, le dernier jour notamment, c'est-à-dire le 15 juillet, elle ne s'était laissé entraîner que par le mensonge fort coupable d'un prétendu outrage fait à la France. »

que nous n'étions plus les hommes de 1815 et « que les joies des partis n'étouffaient pas en nous les douleurs légitimes de la patrie. » Nous avons fait pis qu'à cette époque. Non contents de frapper par derrière un souverain malheureux que, sauf une imperceptible poignée effrayée dans la guerre surtout de la victoire, nous avions poussé à la bataille (1), nous nous sommes constitués les défenseurs d'office de nos envahisseurs. Les Prussiens eux-mêmes n'ont pas osé écrire tout d'abord ce que chez nous l'on débite couramment en leur faveur; ils se contentent de nous copier, et, tandis que dans l'Europe entière les hommes informés et attentifs nous donnent raison, en France il est intrépide de se risquer à soutenir le bon droit de la France ! M. Thiers a le premier commencé ce funeste plaidoyer contre nous-mêmes.

Par un fait on jugera de l'effet de son langage. Un membre de la Chambre des communes, M. Torrens, avait annoncé un discours favorable à notre cause. La veille de la séance on lui dit : « Les ministres connaissent à peu près votre argumentation : vous allez démontrer qu'en réalité la Prusse a provoqué la guerre, ce qui est parfaitement vrai; mais, au moment où vous formulerez cette proposi-

(1) « Les résolutions de guerre que nous allons apprendre *n'émanent pas du gouvernement.* Le gouvernement était irrésolu; il voulait, dans quelques-uns de ses chefs du moins, se laisser arrêter par des concessions dérisoires. *Les résolutions sortent des entrailles mêmes du pays.* » (*La Presse.*) Voir les citations accumulées par M. Giraudeau dans son livre courageux, *la Vérité sur la campagne de* 1870.

tion, on vous répondra que le représentant de la France, M. Thiers, a reconnu lui-même que la provocation était venue de la France, et vous n'aurez qu'à vous asseoir. » Le discours ne fut pas prononcé. Le résultat obtenu fut le même partout : partout l'on jugea qu'une nation assez irréfléchie pour accorder huit millions de suffrages à un Empereur capable de se jeter par fantaisie dynastique sur un voisin paisible ne méritait aucun intérêt. M. de Bismarck n'en continua pas moins à croire et à dire que la nation entière avait voulu la guerre avec passion (1); on combla d'égards le messager qui venait ainsi mettre tout le monde à son aise, et chacun s'arrangea pour assister en spectateur à notre catastrophe. Cette capitulation diplomatique de M. Thiers nous fut aussi fatale que nos capitulations militaires.

XXIX

Pendant qu'à l'extérieur M. Thiers servait ainsi son pays, l'événement, seul juge selon lui des actions humaines, démontrait combien avaient été fausses ses prévisions sur la puissance des fortifications de Paris, et combien l'orateur aux clartés prophétiques avait mieux entrevu l'avenir.

D'après le maréchal Soult appuyé sur l'opinion de Dumouriez, de Carnot et de Napoléon, la dé-

(1) « Toute la France, avec ses trente-cinq millions d'habitants, a approuvé la guerre actuelle, et cela avec passion. » Busch, 17 septembre.

fense de Paris devait être tout extérieure; elle devait consister dans un fort retranché bien fortifié, porté au loin dans les terres, ayant comme appui les doubles têtes de pont de Saint-Denis et de Charenton, par où des sorties pourraient être faites avec avantage, quelle que fût la force des ennemis. M. Thiers avait entraîné le vieux maréchal à consentir à son système de forts reliés par une enceinte continue. D'après lui, « Paris rendu capable de résister à une attaque en règle était à tout jamais délivré des terreurs et des dangers d'un siège; il ne pouvait être bombardé. Jamais un ennemi ne pourrait rester soixante jours devant Paris. Ce serait lui, et non Paris, qui serait affamé. Aucune armée ne pourrait le bloquer sans se disséminer à tel point qu'elle pourrait être battue de partout (1) ». — « Tout cela est chimérique, avait répondu Lamartine. Si la France avait perdu deux ou trois de ces grandes journées qui décident du moral des peuples, si des armées de ligne étaient vaincues, traversées, démembrées, démoralisées au point de ne plus présenter d'obstacle solide à l'invasion du territoire, dans un pareil dénuement des forces vives, dans un pareil abandon de la fortune, Paris ne sauverait ni la France, ni l'armée, ni lui-même. Vous dites : — La France se lèverait derrière, recomposerait ses forces, une armée nouvelle sortirait de ses garnisons et de son sol et viendrait débloquer Paris. — Quoi! ce que n'aurait pu faire la force organisée

(1) Rapport du 13 janvier. — Discours des 26 et 29 janvier 1841.

du pays, son armée, son matériel, ses généraux, son gouvernement, quelques lambeaux épars, coupés, disloqués de notre population le feraient! Vous dites : — La nationalité se réveillerait plus puissante, plus invincible. — En 1813, en 1815, la coalition a-t-elle attaqué la nationalité? Elle l'a respectée en apparence; elle s'est adressée aux mauvaises passions du pays; elle a déployé ou plutôt laissé déployer le drapeau de tous les partis, et c'est avec ces armes, que nos propres dissidences lui fournissaient, qu'elle a combattu notre pays. Voilà ce que le passé a vu; craignez que l'avenir ne puisse encore le voir (1)! » Mais à certains moments rien ne nuit, comme à d'autres rien ne sert.

XXX

De retour en France, M. Thiers, sans trop s'exposer cependant, mina sans relâche le gouvernement de la défense nationale. Dans ses nombreuses conversations, il ne ménage aucune épithète désagréable à ceux qui le dirigent. Ce sont des aveugles, des despotes, des usurpateurs, des fous furieux; ils emploient les moyens les plus mal conçus qu'on ait employés à aucune époque dans aucune guerre; leur résistance est criminelle; leur prétention de se substituer, quelques-uns qu'ils étaient, à tous contre la France elle-même quand il s'agissait de son sa-

(1) Discours des 21 et 28 janvier 1841.

lut, était anti-nationale, atroce par ses résultats, arrogante, insolente (1); leur prétention à épuiser le pays sous prétexte de garder l'Alsace et la Lorraine était intolérable : « les Alsaciens ont été Allemands, ils le redeviendront, c'est le jeu de la guerre » (2). Pendant ce temps, ne s'oubliant pas lui-même, il préparait son avènement au pouvoir et faisait organiser par ses amis sa candidature dans un grand nombre de départements.

La manœuvre réussit parce que le pays avait le désir passionné d'obtenir la paix, et l'assemblée réunie à Bordeaux lui remit le gouvernement.

Tout était arrêté dans le mouvement des choses ; grâce toutefois à notre intelligente bureaucratie, qui elle aussi a bien mérité de la patrie, rien n'était brisé, le pendule était immobile mais intact; il suffisait d'une impulsion intelligente pour lui rendre son balancement régulier. M. Thiers donna cette impulsion avec vigueur, et aucun juge impar-

(1) Discours du 8 juin 1871.

(2) M. Gambetta se plaignait vivement de cette conduite dans une dépêche adressée à M. Jules Favre : « La persistance avec laquelle M. Thiers et ses amis ont depuis lors traité notre gouvernement d'usurpateur, la guerre d'insensée, la prolongation de la résistance de criminelle, l'héroïsme de Paris de batailleries sans résultat; l'adhésion hautement donnée aux propositions de M. de Bismarck offrant de garantir la liberté des élections sans armistice ; l'exagération de tous nos revers, l'apologie timide, mais sans cesse reprise en sous-œuvre, de l'abominable Bazaine, le dénigrement systématique de toutes les mesures politiques, financières et militaires de votre gouvernement, la défiance et l'inertie partout encouragées, les prédictions les plus sinistres sur l'avenir de la France et l'impuissance du régime républicain, telles sont les pratiques et les manœuvres familières aux serviteurs de la branche cadette. » 31 décembre 1870.

tial ne refusera son admiration à ce vieillard infatigable, jour et nuit au travail, passant du conseil à la tribune, au champ de bataille, aux conférences avec un ennemi implacable. L'histoire, néanmoins, rabattra beaucoup des éloges qu'il s'est généreusement accordés. Elle constatera que, berné par les Prussiens auxquels, toujours crédule lorsqu'il s'agissait de sa personne, il croyait en imposer, il n'a rien obtenu. Se raidissait-il contre les exigences brutales, M. de Bismarck lui parlait de ramener l'Empereur, et aussitôt il se calmait. Belfort nous est resté parce que le roi de Prusse voulait englober dans la nouvelle frontière les champs de bataille sur lequel l'héroïque maréchal Canrobert avait couché une partie de la garde royale (1). Un négociateur quelconque aurait traité aux conditions que nous avons dû subir et qui s'aggravaient à chaque nouveau traité. Il est extravagant d'honorer du titre de libérateur du territoire celui qui a signé, contraint et désespéré, je le veux, l'abandon de Metz et de Strasbourg. Le libérateur véritable, celui auquel la France devra ses couronnes, ses acclamations et ses statues, sera celui qui nous rendra nos deux cités captives !

(1) Déposition du maréchal Canrobert dans le procès Bazaine (Audience du 21 octobre) : « Le président de la république m'a dit que, lorsqu'il fut question d'établir la délimitation de la nouvelle frontière, le roi de Prusse a insisté pour que dans la nouvelle frontière on englobât les champs de bataille du 16 et du 18, surtout celui du 18, où la plus grande partie de la garde prussienne avait trouvé son tombeau. Pour qu'il ne fît pas difficulté d'accorder ce qu'il désirait, le roi de Prusse avait donné l'ordre d'être plus coulant du côté de Belfort. »

XXXI

Les traités cruels étaient une nécessité dont aucun génie politique ne pouvait nous affranchir, puisque nous étions à la merci de l'ennemi. Du moins l'homme d'État avait un vaste champ où démontrer sa supériorité par la manière de réunir notre rançon. « La conduite du Sénat romain, si forte contre les ennemis, a dit Bossuet, n'était pas moins admirable dans la conduite du dedans. Ces sages sénateurs avaient quelquefois pour le peuple une juste condescendance, comme lorsque, dans une extrême nécessité, non-seulement ils se taxèrent eux-mêmes plus haut que les autres, ce qui leur était ordinaire, mais encore qu'ils déchargèrent le menu peuple de tout impôt, ajoutant « que les pauvres payaient un assez grand tribut à la république en nourrissant leurs enfants (1) ». Voilà l'exemple qu'il fallait imiter. Dans tous les pays sérieux, à Venise, comme en Angleterre, comme à Rome, les classes dirigeantes ont acheté leur prééminence en s'imposant la plus lourde part des devoirs communs. Les peuples ne respectent le pouvoir et ne l'acceptent avec amour que lorsqu'il se révèle par le dévouement (2). M. Thiers n'était pas de la trempe des sénateurs romains. Au lieu de susciter l'esprit de sacrifice, il a découragé les tentatives de

(1) *Discours sur l'Histoire universelle*, troisième partie, chapitre VI.
(2) M. Branisoki a publié sur ce thème une excellente brochure.

souscription volontaire et s'est adressé aux convoitises de la cupidité. Loin de demander aux classes riches de s'imposer à elles-mêmes le fardeau de la détresse nationale, il en a rejeté la plus lourde partie sur les déshérités en surchargeant les impôts de consommation. Il s'est montré un très habile directeur du mouvement des fonds, un maître en réclames financières et en agiotage : il n'a pas été un citoyen animé de la passion du bien public. Grâce à ses combinaisons, la calamité nationale, écrasante au pauvre, au petit bourgeois, à l'homme qui vit du labeur intellectuel ou matériel, est devenu pour le monde de la plutocratie une occasion inespérée de profits extraordinaires et une riche aubaine. Il est vrai que par une politique plus désintéressée il ne se fût pas acquis la gratitude du peuple, toujours ingrat envers qui le sert sans le corrompre, et il se serait attiré les rancunes des classes bourdonnantes, implacables chez nous envers qui menace leurs jouissances. Surtout il n'aurait pas pu, en enrichissant par ses emprunts usuraires des milliers de spéculateurs, laisser derrière lui une bande dévouée de thuriféraires.

L'histoire, si elle n'admire pas le calcul égoïste, le comprendra. Elle ne s'expliquera pas l'abandon subit de Paris à la Commune et l'ordre effaré d'évacuer les forts. Heureusement l'intelligent général Vinoy conserva le sang-froid et lui arracha la permission de réoccuper le mont Valérien (1). Sans

(1) Déposition du général Vinoy. Enquête sur le 18 mars :

cette mesure, le séjour de Versailles fût devenu impossible à l'Assemblée. De même, malgré ses beaux plans, l'auteur des fortifications n'aurait retrouvé Paris qu'en cendres, sans l'intervention heureuse de M. Ducatel, qui indiqua à nos troupes comment on pouvait rentrer dans la ville.

Devenu le maître, soit qu'il n'eût point encore pris son parti, soit qu'il ne jugeât point habile de le divulguer trop tôt, M. Thiers parut incertain. On le vit caressant à la fois ceux qui l'avaient nommé et ceux qui juraient de le maintenir, ne répondant ni oui ni non à aucun d'eux, ou plutôt répondant oui à tous les deux, mais à voix basse, semblable à don Juan promettant à la fois à Mathurine et à Charlotte de les épouser. Vainement la gauche et la droite l'interpellent : « Videz la querelle, mettez-nous d'accord, parlez. » Il répond comme don Juan : « Que voulez-vous que je vous dise? Vous soutenez également toutes deux que je vous ai promis de vous prendre pour femmes. Est-ce que chacune de vous ne sait pas ce qu'il en est, sans que je m'explique davantage? Pourquoi m'obliger là-dessus à des redites? Celle à qui j'ai promis effectivement n'a-t-elle

« M. Thiers me donna l'ordre d'évacuer Paris le 18, et surtout de lui envoyer la brigade Daudel, qui occupait tous les forts du sud et même le mont Valérien et Courbevoie.... A mon arrivée à Versailles, j'appris que le mont Valérien était évacué par le général Daudel. J'écrivis alors à M. Thiers et je lui expliquai qu'il était impossible d'évacuer cette forteresse; je lui dis que, les deux bataillons qui s'y trouvaient devant la quitter le lendemain (19), je lui demandais de la faire réoccuper. Je lui répétai de vive voix ce que je lui avais écrit. Il ne s'est pas rendu d'abord à nos instances. Il ne s'est décidé qu'à une heure du matin. »

pas de quoi se moquer des discours de l'autre?... (Bas à Mathurine.) Laisse-lui croire ce qu'elle voudra. (Bas à Charlotte.) Laisse-la se flatter dans son imagination. (Bas à Mathurine.) Je vous adore. (Bas à Charlotte.) Je suis tout à vous. » Ayant dit ainsi, non toutefois avec la bonne grâce du séducteur, mais du ton irrité d'un despote hors de lui-même à la moindre contradiction, il allait à Trouville jouer au soldat, et assister, un parasol à la main, à des expériences d'artillerie sur la plage. A la longue cependant il se découvrit, et, abusant de la confiance de la majorité dont il tenait ses pouvoirs, malgré la neutralité à laquelle il s'était engagé, par transitions insensibles, il la jeta dans la république définitive.

L'Assemblée monarchique, candide, patiente sous des outrages sans précédents (1), vit où on l'avait conduite, quand il n'était plus temps de se dégager. Elle eut du moins la force de renverser un guide trompeur, et, puisqu'elle était condamnée à la république, elle en créa une qui fût aussi peu républicaine que possible : elle y mit des sénateurs inamovibles, un président irresponsable armé du droit de dissolution; elle en fit une véritable monarchie avec un roi de sept ans, afin de tenir la place préparée au roi héréditaire. Elle espérait que les républicains se tiendraient éloignés d'une constitution aussi peu d'accord avec les *principes*. Loin de là, ils s'en em-

(1) 11 mai 1871 : « Attendez encore huit jours. Il n'y aura plus de périls. La tâche sera alors à la hauteur de votre intelligence et de votre courage. »

parèrent, s'y installèrent, s'y trouvèrent bien, et, calmés par les satisfactions auxquelles ils se résignèrent fort opportunément, ils déclarèrent que les conservateurs seuls s'entendaient à fabriquer de bonnes républiques, et qu'eux-mêmes étaient en fonds de présidents irresponsables et de sénateurs inamovibles.

XXXII

Après sa chute du pouvoir M. Thiers ne resta pas inactif; il ne cessa surtout de suivre attentivement tout ce qui touchait à la réorganisation de notre armée. Ses derniers efforts législatifs furent consacrés à la défense de la loi militaire, déjà attaquée au lendemain même de sa promulgation. Un de mes amis, l'ayant rencontré quelques semaines avant sa mort (11 août 1877) sur la plage de Dieppe, lui demanda s'il pensait qu'avec vingt ans d'une bonne administration militaire, nous pourrions entrer en campagne. « Vingt ans! s'écria-t-il : avec six ans de bonne et sage administration nous pourrions nous refaire entièrement, mais pour cela il faudrait rejeter toutes les théories, toutes les imitations de modèles pris à l'étranger, et ne pas se fier au nombre. — Mais, répliqua mon ami, ne faudrait-il pas en outre une armée forte, un bon capitaine? — Un grand capitaine, répliqua-t-il, n'est pas nécessaire; de bons manœuvriers sont suffisants. » — Le fanfaron surnageait à tout. Au bout des six ans et même bien longtemps après, si quelqu'un avait parlé de rentrer en campagne, il se fût aussitôt retrouvé l'homme de 1840 et 1870 : après avoir excité il aurait reculé. Il avait dit à une éminente personne de qui je le tiens : « Les rois constitutionnels sont faits pour être lâches, et le roi Louis-Philippe a usé de la permission. » Il aurait proposé cet exemple au président de la République, comme il l'avait proposé à l'Empereur en 1870.

La mort le surprit la plume à la main, rédigeant un manifeste d'opposition. Il finissait comme il avait commencé. Dans ce manifeste, sans aller encore à la république des principes républicains, il s'avança jusqu'à celle des républicains. Aussi obtint-il l'apothéose, et fut-il triomphalement conduit à sa dernière demeure par cette multitude que, pendant toute sa vie, il avait fait profession de mépriser (1) !

(1) Mort de Louis XVI : « A peine le sang a-t-il coulé que des furieux y trempent leurs piques et leurs mouchoirs, et se répandent dans Paris en criant : *Vive la république! Vive la nation!* et vont jusqu'aux portes du Temple montrer la brutale et fausse joie que la multitude manifeste à la naissance, à l'avènement, à la chute de tous les princes. » (*Révolution*, livre XII.)

« Mais quand le peuple est-il de bonne foi ? Quand est-il capable de comprendre les dogmes qu'on lui donne à croire? Ordinairement que lui faut-il? De grandes réunions qui satisfassent son besoin d'être assemblé, des spectacles symboliques où on lui rappelle sans cesse l'idée d'une puissance supérieure à la sienne. » (*Révolution*, livre XVI.)

« Depuis ces temps où Tacite la vit applaudir aux crimes des empereurs, la vile populace n'a pas changé. Toujours brusque en ses mouvements, tantôt elle élève l'autel de la patrie, tantôt elle dresse des échafauds, et n'est belle et noble à voir que lorsque, entraînée dans les armées, elle se précipite sur les bataillons ennemis. Que le despotisme n'impute pas ses crimes à la liberté, car, sous le despotisme, elle fut toujours aussi coupable que sous la république; mais invoquons sans cesse les lumières de l'instruction pour ces barbares pullulant au fond des sociétés et toujours prêts

XXXIII

En résumé, comme orateur, M. Thiers gardera une belle place dans la pléiade glorieuse des orateurs de ce siècle.

Comme historien, il marchera de pair avec les historiens immortels admirés par tous les siècles.

Comme homme d'État, il restera célèbre et ne sera pas grand. La véritable grandeur tient à l'ordre moral, et, selon une remarque de Chateaubriand, il a tout compris, sauf la grandeur qui vient de l'ordre moral (1). Il n'y a pas eu dans ses conceptions intellectuelles de quoi le relever de cette infériorité. Il n'a su concevoir qu'une monarchie d'où il excluait le roi, ou une république d'où il excluait le peuple. Sa maxime : Le roi règne et ne gouverne pas, négation du pouvoir royal, n'a pas fait fortune (2). Sa république sans républicains est déjà

à les souiller de tous les crimes, à l'appel de tous les pouvoirs et pour le déshonneur de toutes les causes. » (*Ibid.*)

« Il n'y a que l'élite d'une nation qui soit sensible à la gloire, à la liberté, aux idées nobles et généreuses, et qui consente à leur faire des sacrifices. La masse veut du repos et demande à faire le moins de sacrifices possible. » (*Révolution*, livre XV.)

« Je ne suis point, je ne serai jamais le flatteur de la multitude. Je me suis promis, au contraire, de braver son pouvoir tyrannique, car il m'a été infligé de vivre en des temps où elle domine et trouble le monde. » (*Empire*, Baylen.)

« Qui est-ce qui réfléchit? surtout parmi les masses. » (*Empire*, t. XVII, p. 816.)

(1) *Mémoires d'outre-tombe.*

(2) En ce qui me concerne, j'ai devant lui combattu cette maxime, qu'il est fabuleux de voir inscrire dans une constitution républicaine. Discours du 22 janvier 1864 : « Je ne désire pas ressusciter,

morte. Sa république sans principes républicains ne lui survivra pas beaucoup. Ou la France conservera la république, et alors elle l'entourera d'institutions conformes aux principes et elle la débarrassera des langes monarchiques dans lesquels on l'a emmaillotée; ou elle reviendra à ses vieux instincts monarchiques, et alors elle ne se contentera pas de la monarchie sans le monarque, elle voudra le monarque avec la monarchie. M. Thiers ne s'est montré original que dans l'art de renverser les gouvernements. Sous l'Empire, étant allé visiter Manzoni, il se lamentait beaucoup de la chute de la monarchie de Juillet. A quoi Manzoni répondit : « On juge un établissement par sa durée : comment celui de Louis-Philippe est-il tombé au premier choc? — Que voulez-vous? répondit M. Thiers, ce n'est pas notre faute; lorsque l'architecte a bien construit son édifice, il n'est pas responsable si la foudre tombe dessus. — Sans doute, répliqua Manzoni, pourvu que l'architecte ne soit pas allé tripoter dans les nuages. » La main de M. Thiers se retrouve dans toutes les ruines de no-

dans ce pays qui ne l'a jamais comprise, la fiction en vertu de laquelle celui qui gouverne est inviolable et indiscutable. J'admire l'instinct profond de cette nation qui, dans le fait comme dans la logique, a toujours placé la responsabilité là où elle a vu ou supposé l'action. Je désire que le chef de l'État, quelque nom qu'il porte, soit et reste responsable. Le développement que je demande à notre constitution, le perfectionnement que j'espère, c'est qu'à la responsabilité naturelle, légitime, logique, démocratique du chef de l'État, s'ajoute la responsabilité logique, nécessaire, utile pour tous, des ministres qui, sous ses ordres, dirigent les affaires pupliques. Je réclame la responsabilité des ministres, mais sans exclure celle du chef de l'État. »

tre temps, et, quand il n'a plus eu à démolir un gouvernement autre que le sien, il s'est démoli lui-même.

Il n'a eu aucune notion de la véritable politique moderne, qui doit être avant tout sociale, c'est-à-dire, tendre sans cesse et par tous les moyens justes à l'amélioration matérielle, intellectuelle et morale du sort du plus grand nombre (1). Il n'a pas aimé le peuple : il ne lui a donné ni une pensée, ni un mouvement de tendre sympathie. Le spectacle de la misère ne lui a jamais arraché un de ces accents pathétiques qu'on retrouve dans la plupart de nos célèbres contemporains. Selon lui, il n'y avait que deux sortes de gens, ceux qui mangent les autres et ceux qui sont mangés : l'esprit consiste à se ranger parmi les mangeurs. Tout entier à ses intrigues politiques et au soin de se pousser, il n'a pas ressenti le *misereor super turbam*, la pitié sur la foule : il n'a su que la mitrailler, la déporter et la duper.

Enfin, quoiqu'il ait eu le désir et le sentiment de la prépondérance nationale (2), par ses calculs égoïstes de 1870, il s'est exclu aux yeux de la postérité du nombre des patriotes consacrés !

« Les gens d'esprit, a dit une femme judicieuse, font beaucoup de fautes parce qu'ils ne croient pas

(1) Émile OLLIVIER. *L'Église et l'État au concile du Vatican*. T. II, p. 532.

(2) Discours du 27 novembre 1840 : « J'ai toujours été dans l'opposition à cause de la faiblesse supposée de notre politique au dehors. » — 20 janvier 1842 : « L'ambition des nations est la mesure de leur grandeur. Une nation qui n'est pas ambitieuse a perdu son principe vital. »

le monde aussi bête qu'il est. » M. Thiers a rarement commis de ces fautes que Retz appelle de bonne conduite, et c'est à cette appréciation du monde autant qu'à son mérite qu'il a dû ses succès pratiques. Sous un air sérieux, il s'est moqué pendant toute sa vie d'Athènes, et Athènes l'a applaudi. Applaudissez encore, ô Athéniens ! Mais, si décidément c'est votre héros, ne visez plus à la primauté ; ne vous ruinez pas à entretenir des soldats dont vous ne ferez jamais rien ; contentez-vous d'être les amuseurs, les maîtres de rhétorique et de danse, les romanciers de l'Europe, et de lui fournir ses meilleurs cuisiniers. Quand vous recevrez un nouveau soufflet Hohenzollern, vous essuierez votre joue en disant : Cela fait peu de bruit et ne laisse pas de trace. Et à ceux qui troubleraient votre allègre résignation à la platitude, vous répondrez : « Ne sommes-nous pas riches ? Nos emprunts n'ont-ils pas été couverts des milliers de fois ? Notre exposition n'a-t-elle pas réussi ? »

Je ne veux pas croire que nous soyons tombés à ce point. Non, M. Thiers ne sera pas le héros de la France. Une nation démoralisée par le malheur ou abêtie par la haine, ayant rejeté d'elle l'idéal au point de confondre ce qui est tortueux avec ce qui est sage, dépourvue de bon sens jusqu'à ne pas distinguer le calcul du désintéressement, ne s'animant plus qu'au tumulte des petites passions ou des intérêts vulgaires, habituée à compter l'honneur dans cette partie du superflu qu'on se refuse, une nation en décadence pourrait seule placer un tel homme, quel qu'ait été l'éclat extraordinaire de ses facultés, dans le Panthéon étroit des fondateurs et des sauveurs d'Etats. Et cela même serait le témoignage le plus accusateur qu'elle pût élever contre elle-même. Tôt ou tard l'idéal méconnu, auquel les nations pas plus que les individus ne retranchent impunément sa part, se vengerait, et l'avenir, réformant une erreur passagère, emporterait dans ses justices l'idole et ses adorateurs!

FIN

Paris. — Typ. G. Chamerot, 19, rue des Saints-Pères. — 8381.

CHEZ LES MÊMES ÉDITEURS

OUVRAGES DE M. ÉMILE OLLIVIER

L'ÉGLISE ET L'ÉTAT AU CONCILE DU VATICAN. 2 vol. grand in-18 jésus . . . . 8 fr.

LAMARTINE, précédé d'une préface sur les incidents qui ont empêché son éloge en séance publique de l'Académie française. 1 vol. grand in-18 jésus . . . . 3 fr. 50

PRINCIPES ET CONDUITE. 1 vol. grand in-18 jésus . . . . 3 fr. 50

LE MINISTÈRE DU 2 JANVIER. Discours. 1 vol. grand in-18 jésus.

EN PRÉPARATION

LA GUERRE DE 1870 ET LA CHUTE DE L'EMPIRE.

ŒUVRES PRINCIPALES DE BOSSUET

FORMAT GRAND IN-18 JÉSUS.

MÉDITATIONS SUR L'ÉVANGILE. Revues sur les manuscrits originaux et les éditions les plus correctes. 1 vol. gr. in-18 jésus. 3 fr. 50

ÉLÉVATION A DIEU sur les mystères de la Religion. Édition revue. 1 vol. grand in-18 jésus. . . . . 3 fr. 50

TRAITÉ DE LA CONNAISSANCE DE DIEU ET DE SOI-MÊME. 1 vol. grand in-18 jésus. . . . . 3 fr. 50

ORAISONS FUNÈBRES. PANÉGYRIQUES. 1 vol. gr. in-18 jésus. 3 fr. 50

SERMONS (Édition complète). 4 vol. gr. in-18 jésus, chacun à. 3 fr. 50

ŒUVRES ORATOIRES COMPLÈTES, oraisons funèbres, panégyriques, sermons. Nouvelle édition, suivant le texte de l'édition de Versailles, amélioré et enrichi à l'aide des travaux les plus récents sur Bossuet et ses ouvrages. 4 beaux et forts vol. in-8. . . . . 30 fr.

DISCOURS SUR L'HISTOIRE UNIVERSELLE. Édition revue d'après les meilleurs textes, avec une préface de J.-J. DUSSAULT et une notice par le cardinal DE BAUSSET, illustrée de gravures en taille-douce d'après les grands maîtres. 1 vol. grand in-8 jésus. . . . . 18 fr.

ORAISONS FUNÈBRES ET PANÉGYRIQUES. Nouvelle édition illustrée de gravures sur acier, d'après REMBRANDT, MIGNARD, NANTEUIL, RIBERA, POUSSIN, CARRACHE, etc. 1 beau vol. grand in-8, papier jésus vélin . . . . 18 fr.

MÉDITATIONS SUR L'ÉVANGILE. Revues sur les éditions les plus correctes, et enrichies de 12 magnifiques gravures sur acier, d'après RAPHAEL, RUBENS, POUSSIN, REMBRANDT, etc. 1 vol. gr. in-8 jésus 18 fr.

ÉLÉVATION A DIEU SUR TOUS LES MYSTÈRES DE LA RELIGION CHRÉTIENNE. 1 vol. grand in-8, orné de 10 magnifiques gravures anglaises sur acier, d'après LE GUIDE, POUSSIN, VANDERWERF, MARATTE, etc . . . . 18 fr.

Ces superbes réimpressions de quatre des chefs-d'œuvre de Bossuet, exécutées avec le plus grand soin, sont destinées à prendre place parmi les beaux livres de l'époque.

Paris. — Typ. G. Chamerot, 19, rue des Saints-Pères. — 8581.

www.ingramcontent.com/pod-product-compliance
Ingram Content Group UK Ltd.
Pitfield, Milton Keynes, MK11 3LW, UK
UKHW012223240726
13966UKWH00003B/925